新媒体文案标题打造108招

小标题大效果

苏航◎编著

人民邮电出版社
北京

图书在版编目（CIP）数据

新媒体文案标题打造108招 ： 小标题大效果 / 苏航编著. -- 北京 ： 人民邮电出版社，2020.1
ISBN 978-7-115-51823-1

Ⅰ. ①新… Ⅱ. ①苏… Ⅲ. ①互联网络－新闻标题－研究 Ⅳ. ①G210.7

中国版本图书馆CIP数据核字(2019)第258516号

内 容 提 要

本书从新媒体文案爆款标题的特点、标准、思路、类型及其误区等方面为读者提供12类专题内容，旨在帮助读者成为新媒体文案爆款标题的撰写高手。

108个实用技巧，从心理式、热词型、借势型、数字型、提问型、语言型、告知型等多个角度，讲解能引入千万级高流量文案的写作技巧。

全书共12章，框架清晰，语言简明易懂，具有很强的实用性和很高的参考价值，适合想学习新媒体文案写作的各类人员以及想从事新媒体营销的人员阅读。

◆ 编　　著　苏　航
责任编辑　李士振
责任印制　周昇亮

◆ 人民邮电出版社出版发行　　北京市丰台区成寿寺路 11 号
邮编　100164　　电子邮件　315@ptpress.com.cn
网址　http://www.ptpress.com.cn
北京虎彩文化传播有限公司印刷

◆ 开本：700×1000　1/16
印张：14.25　　2020 年 1 月第 1 版
字数：288 千字　　2024 年 8 月北京第 9 次印刷

定价：59.80 元

读者服务热线：(010)81055296　印装质量热线：(010)81055316
反盗版热线：(010)81055315
广告经营许可证：京东市监广登字 20170147 号

前言

随着网络和数字技术的发展，“新媒体”一词开始在人们的日常生活中频频出现。何谓新媒体？

新媒体包括了所有数字化的媒体形式。相对于报纸、杂志、电视以及广播等传统媒体来说，新媒体有其巨大的优势——传播迅速、碎片化和顽强的生命力等。

从开始的小范围蓝海到如今的大领域红海，新媒体市场经历了一个蜕变式甚至爆炸式的增长。它的迅猛发展让诸多看到其巨大发展前景的人开始争先恐后地进入新媒体这一领域。在数量庞大的新媒体运营群体中，如何才能在这一片巨大的红海中站稳脚跟并不断发展呢？

答案当然是获得高流量。

一个新媒体账号或平台流量的大小代表着阅读量的多少：阅读量多，流量才会随之增加，收益也才能增长。阅读量的多少和流量的大小与用户数量及新媒体文案的吸引力都有密不可分的关系。如何获得大流量就是本书要为大家介绍的内容要点。

一则文案的灵魂是它的标题，如果标题没有特色，那么就算文案内容字字珠玑，也难以吸引用户，所以标题的选取会在很大程度上影响新媒体文案的阅读量（流量）。

本书列举了新媒体文案爆款标题的特点和打造标准，进而对新媒体文案爆款标题的打造思路、打造类型、误区识别等方面做了系统的阐述和举例。

为了使大家更好地了解本书的结构，下面将本书主要内容以图的形式展示出来。

新媒体文案标题打造108招：小标题大效果

包括

- 第 1 章　爆款特点：13 个要求，轻松引爆
- 第 2 章　要点掌握：8 个标准，全面评估
- 第 3 章　爆款思路：8 种途径，展现特色
- 第 4 章　心理式：8 种需求，你是否切入
- 第 5 章　热词型：充分利用 19 个极具吸引力的词汇
- 第 6 章　借势型：9 个技巧，强化影响力
- 第 7 章　数字型：11 种方式，让标题更具说服力
- 第 8 章　提问型：9 个要点，巧妙调动好奇心
- 第 9 章　语言型：9 种方法，提升标题创意
- 第 10 章　告知型：7 种方式，抓住用户眼球
- 第 11 章　其他型：10 种类型，丰富文案表现力
- 第 12 章　误区认识：6 种误区，谨慎使用成关键

由于作者知识水平有限，书中难免有错误和疏漏之处，恳请广大读者批评指正。

联系邮箱：itsir@qq.com。

编者

目录 Contents

第 1 章 爆款特点：13 个要求，轻松引爆

第 2 章 要点掌握：8 个标准，全面评估

第 3 章 爆款思路：8 种途径，展现特色

第 4 章 心理式：8 种需求，你是否切入

第 5 章 热词型：充分利用 19 个极具吸引力的词汇

第 6 章 借势型：9 个技巧，强化影响力

第 7 章 数字型：11 种方式，让标题更具说服力

第 8 章 提问型：9 个要点，巧妙调动好奇心

第 9 章 语言型：9 种方法，提升标题创意

第 10 章 告知型：7 种方式，抓住用户眼球

第 11 章 其他型：10 种类型，丰富文案表现力

第 12 章 误区认识：6 种误区，谨慎使用成关键

第 1 章

爆款特点：13 个要求，轻松引爆

学前提示 >>>

掌握爆款文案的标题特点，才能妙笔生花。

本章将从新媒体文案爆款标题的特点出发，重点介绍13个核心要求。

要点展示 >>>

- 学会控制字数
- 用语尽量简短
- 整体风格统一
- 陈述形象通俗
- 紧密贴合主题
- 采用新颖形式
- 积累点睛词汇
- 促进百度收录
- 考虑搜索习惯
- 展示最大亮点
- 要体现实用性
- 展现阅读价值
- 应突出差异性

001 学会控制字数

在新媒体时代，标题的字数多少与吸引力大小并不成直接的正比关系，就人们的阅读习惯和新媒体的运营方式来说，超过三行的标题，就是缺乏吸引力的。也就是说，软文的标题字数应该控制在一定的范围内。

智能手机品类多样，不同型号的手机页面单行显示的软文标题字数也不一样。一些图文信息在一款手机里看着是一行，但在另一款手机里可能就是两行了。在这种情况下，标题中的关键信息就有可能被隐藏起来。

因此，新媒体文案的标题最好只有一行。那么，这样的一行的字数应该是多少呢?

要知道，手机页面中能显示的纯文字型的标题字数一般为 15 个字。如果一篇文章的标题长度超过 15 个字，那么标题后面超过 15 个字的部分就有可能被隐藏，以“…”这样的形式显示出来。

因此，在制作标题内容时，在重点内容和关键词的选择上要有所取舍，把最主要的内容呈现出来即可，如图 1-1 所示。切忌以段落形式制作标题。

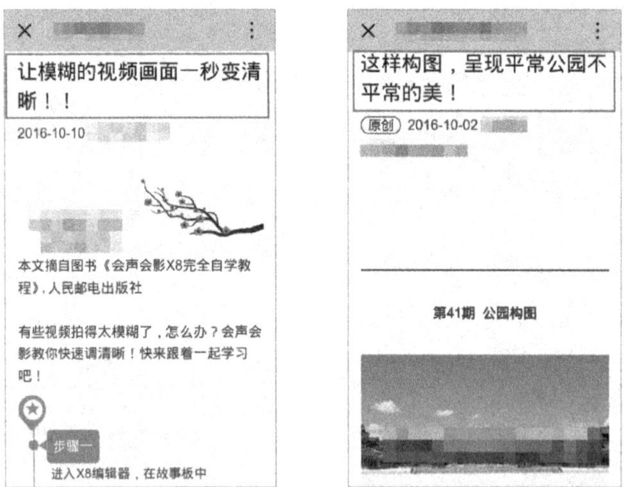

（1）　　　　（2）

▲图 1-1 文案标题呈现主要内容

解析　在图 1-1 中，前一篇文案《让模糊的视频画面一秒变清晰！！》的关键词为“视频”“模糊”和“清晰”。后一篇文案《这样构图，呈现平常公园不平常的美！》中的“构图”与“公园”则很好地点明了文案描写的重点在于以公园为摄影取景对象时的构图方法和技巧。

综上所述，新媒体文案的作者应尽量将标题的字数控制在能正常显示的范围内，也就是 12 个字左右。

但是，有时候文案作者也可以借助标题由于显示限制而出现的“…”来勾起读者的好奇心。这就需要文案作者在撰写标题时把握好引人好奇的关键点。

002 用语尽量简短

新媒体作者在撰写新媒体文案标题时，用语应该尽量简短，“浓缩的就是精华”是有道理的，越短的句子越容易被人接受和记住。

如果文案标题中的用语过于冗长，读者就会失去耐心和阅读兴趣，这样也就达不到理想的效果。新媒体作者想要撰写出吸引人的标题，就要掌握相关技巧，如图 1-2 所示。

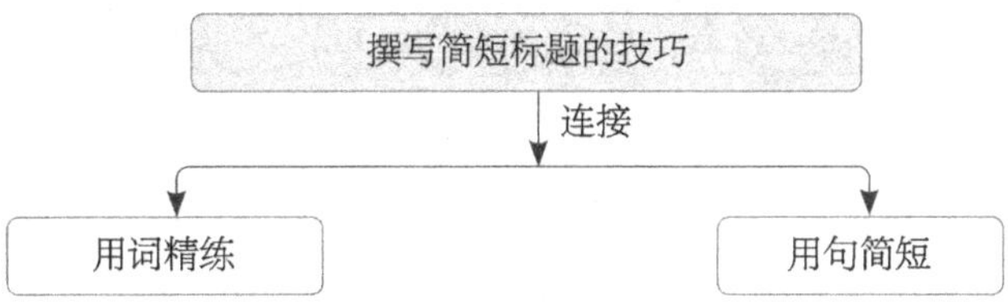

▲图 1-2 撰写简短标题的技巧

新媒体文案标题的成分切忌过于复杂。标题越简单明了，读者阅读起来越方便，如图 1-3 所示。

（1） （2）

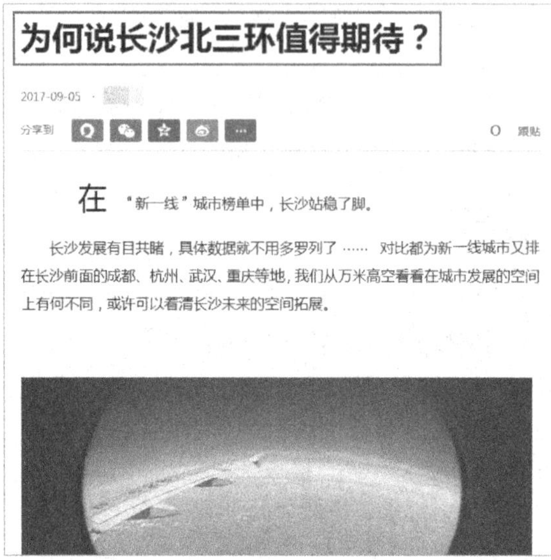
为何说长沙北三环值得期待？

2017-09-05 ·

分享到 0 跟贴

在“新一线”城市榜单中，长沙站稳了脚。

长沙发展有目共睹，具体数据就不用多罗列了…… 对比都为新一线城市又排在长沙前面的成都、杭州、武汉、重庆等地，我们从万米高空看看在城市发展的空间上有何不同，或许可以看清长沙未来的空间拓展。

（3）

▲图 1-3 简短的文案标题

解析

在图 1-3 中，三则文案的标题都十分简短。《如何用公众号推广产品？》这一文案标题就是用简短的话语表明作者将要介绍“用公众号推广产品”的方法，直接明了；《有个能随时聊天的人真好》这一文案标题也是用简短的话语将文案内容展现得十分清楚；《为何说长沙北三环值得期待？》这一文案标题同样是用简洁的语言，向读者表明作者将要介绍“长沙北三环”值得期待的原因。

简洁的文案标题能让读者在阅读文案标题时很放松。因此，新媒体作者在撰写文案标题时，一定要注意句子结构的精炼，以此来提高文案的曝光率。

003 整体风格统一

新媒体文案作者在撰写文章标题时，还要考虑标题与新媒体平台的整体风格是否统一、协调。标题与新媒体平台整体风格统一与否，会影响读者对该新媒体的整体评价。

举个例子，你关注了一个以传播幽默视频、话题为主的新媒体账号，结果看见该账号每天推送的文章标题毫无吸引力，相信你一定会产生一种“自己是不是点错了公众号”的感觉，时间一长甚至可能忘记了该账号的存在，或者可能就直接取消关注。

标题与账号的整体风格统一是吸引读者长期关注的一种方法，而要做到标题与整体风格的统一需要考虑两个方面，具体如图 1-4 所示。

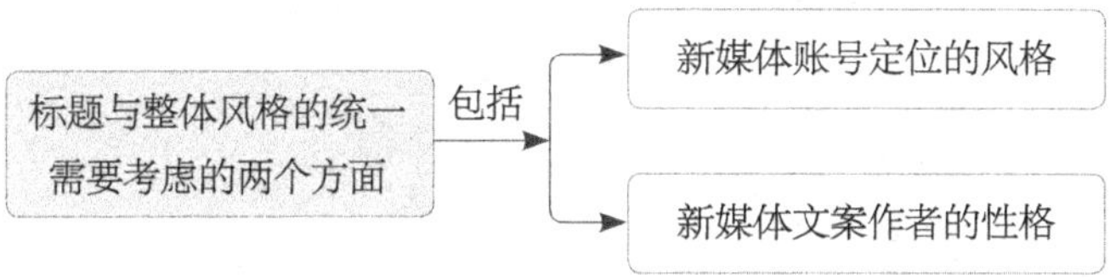

▲图 1-4 标题与整体风格的统一需要考虑的两个方面

下面重点讲解这两个方面。

1. 新媒体账号定位的风格

在每个新媒体账号创立之初，创建者都应该对其要传播的内容有一个大致的规划和界定，而这些内容方向的确定就为新媒体账号的风格定下了一个基调。

例如，一个新媒体账号主要以油画、水墨画等艺术品鉴赏、学习为主，这个新媒体账号的整体基调就是文艺与高雅的。因此，该账号推送的文章标题也要跟整体基调相呼应，应以文艺气息为主要特色，这样才会让读者在浏览、阅读文章内容时感觉舒服，如图 1-5 所示。

▲图 1-5 体现新媒体账号基调的文案标题

解析

图 1-5 所示的是体现新媒体账号基调的文案标题。

制作《塞尚的静物，几何的解构》这一文案标题的新媒体账号内容以分享油画为主，所以作者在撰写这一类新媒体文案时，也十分注重标题的文艺气息。

2. 新媒体文案作者的性格

每个新媒体文案作者都有自己的性格，而这种性格会在其所创作的文字中传递出来，表现出相应的写作风格。

性格活泼的人写出的标题可能比较擅于营造热闹的氛围，如“原来 ××× 还可以这么玩”等；比较理智沉稳的作者写出来的文案标题则可能多体现出理智和沉稳。

新媒体文章作者的性格也会在潜移默化中影响新媒体账号的语言风格，如图 1-6 所示。

▲图 1-6 作者性格影响标题的风格

解析

图 1- 6 所示的是作者性格影响标题风格的案例。

《别让低 ×× 拖累了你的人生！》这一文案标题体现出来的是冷静和理智，从中也可以看出文案作者的性格。

新媒体文案的作者只有做好上述两个方面的统一，才能真正做到整体的统一，形成属于新媒体账号的特色。

004 陈述形象通俗

新媒体文案的读者就是普通消费者，因此，文案内容在语言上要求精练和通俗。通俗就是尽量拒绝华丽的辞藻和大量不实用的描述，利用通俗易懂的语言来撰写标题，否则，文案就无法达到带动产品销售的目的。

为了实现通俗化，新媒体文案作者可以从 3 个方面着手，如图 1-7 所示。

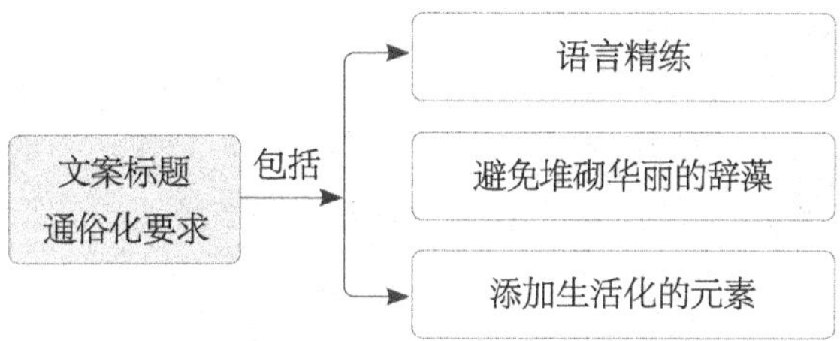

▲图 1-7 文案标题通俗化要求分析

其中，添加生活化的元素是一种常用的使标题通俗化的简单方法，也是一种行之有效的营销宣传方法。利用这种方法，把专业的、不易理解的词汇和理论通过生活元素形象通俗地表达出来，在标题中运用通俗化的语言陈述产品的作用和功能，可以让消费者更容易理解的同时带动产品销售，如图 1-8 所示。

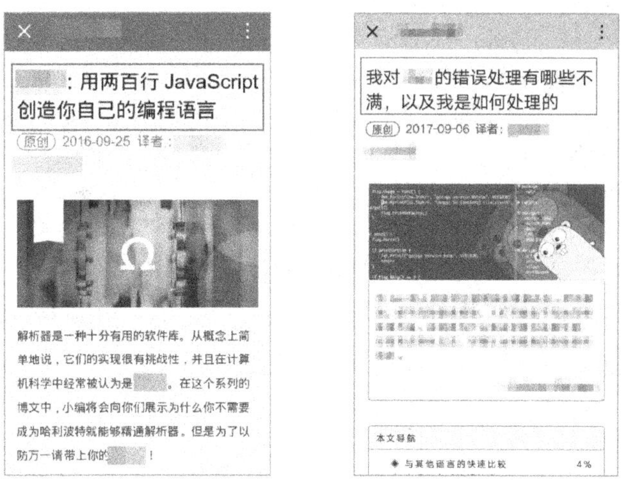

（1）　（2）

▲图 1-8 语言通俗的文案标题

解析

图 1-8 所示的是运用通俗化的语言让读者更加理解文案标题中出现的事物，如将“JavaScript”这一专业性较强的专有名词用比较通俗的话语表达出来，让读者轻松理解文案标题所表达的意思。

太过专业或太过复杂的文章对于普通的、非专业的读者来说，是难以理解的，这就有可能导致大量用户流失。所以，新媒体文案的标题要尽量化繁为简。

005 紧密贴合主题

标题是一篇新媒体文案的“窗户”，如果读者能透过这一扇“窗户”大致看出文章的主要内容，就说明这个标题是合格的。换句话说，文案标题要能体现出文案的主题。

如果读者受到某一文案标题的吸引而点击阅读，但在阅读文章内容后却发现标题并不紧密贴合内容主题，甚至完全没有联系，那么读者心里就会产生被欺骗感。这样也会导致读者的流失。

文案标题紧密贴合内容主题的案例如图 1-9 所示。

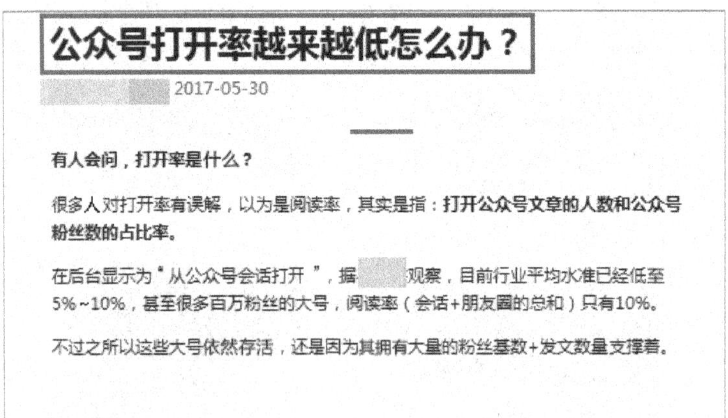

公众号打开率越来越低怎么办？

2017-05-30

有人会问，打开率是什么？

很多人对打开率有误解，以为是阅读率，其实是指：**打开公众号文章的人数和公众号粉丝数的占比率。**

在后台显示为“从公众号会话打开”，据　　观察，目前行业平均水准已经低至5%~10%，甚至很多百万粉丝的大号，阅读率（会话+朋友圈的总和）只有10%。

不过之所以这些大号依然存活，还是因为其拥有大量的粉丝基数+发文数量支撑着。

（1）

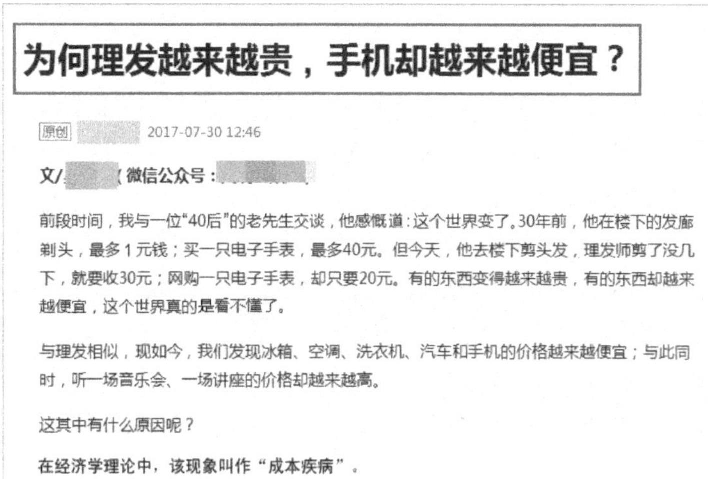

为何理发越来越贵，手机却越来越便宜？

原创 2017-07-30 12:46

文/ （微信公众号：

前段时间，我与一位“40后”的老先生交谈，他感慨道：这个世界变了。30年前，他在楼下的发廊剃头，最多1元钱；买一只电子手表，最多40元。但今天，他去楼下剪头发，理发师剪了没几下，就要收30元；网购一只电子手表，却只要20元。有的东西变得越来越贵，有的东西却越来越便宜，这个世界真的是看不懂了。

与理发相似，现如今，我们发现冰箱、空调、洗衣机、汽车和手机的价格越来越便宜；与此同时，听一场音乐会、一场讲座的价格却越来越高。

这其中有什么原因呢？

在经济学理论中，该现象叫作“成本疾病”。

（2）

▲图 1-9 紧密贴合内容主题的文案标题

解析

图 1-9 所示的是新媒体文案标题紧密贴合内容主题的案例。

《公众号打开率越来越低怎么办？》这一文案标题表明该文案的主题在于解读公众号打开率变低的原因。从文章内容来看，作者紧密围绕着这一核心问题，从何为“打开率”到“打开率低”的原因，再到解决该问题的办法，进行了一一阐述。文章的主题出现在标题之中，既能给读者一个很好的指引，又做到了与文章内容的紧密联系。

《为何理发越来越贵，手机却越来越便宜？》这一文案标题呈现的是一种社会现象，读者通过文案标题能够看到的是作者对普遍现象的一个疑问，能够引起读者的共鸣，吸引读者点击文章看内容。文章内容也是对这一现象的原因分析和未来走向的预测，标题与文章内容主题紧密相连。

006 采用新颖形式

新媒体文案的标题形式千千万万，作者不能只拘泥于几种形式的标题，因为形式单一的标题早已不能够吸引每天都在变化的读者们了。

在众多的文案标题形式之中，比较实用又能吸引读者关注的有以下几种。

（1）新媒体文案标题使用问句，能在很大程度上激发读者的兴趣和参与度，例如“为什么你运动了却依然瘦不下来？”“早餐、午餐、晚餐的比例到底怎样划分才更加健康？”等，这些标题对那些急需解决这方面问题的读者来说十分具有吸引力。

（2）新媒体文案标题中的元素越详细越好。对那些需求紧迫的读者来说，越详细的信息越具有强大的吸引力。例如上面所说的“为什么你运动了却依然瘦不下来？”，如果直接将其改成“你想减肥吗？”，那么文案标题的针对性和可信度都会大大降低。

（3）新媒体文案标题要将能带给读者的效果明确地展示出来，读者看到有益于自身的元素，才会去关注和查阅。因此，作者在撰写文案标题时，要在标题中强调能带给读者的益处，让读者对文案内容感兴趣，进而吸引其打开文章阅读，例如“鸡蛋这样吃更健康”就能让读者更感兴趣。

新媒体文案的作者在撰写文案标题时，要学会用新颖的标题来吸引读者的注意，如图 1-10 所示。

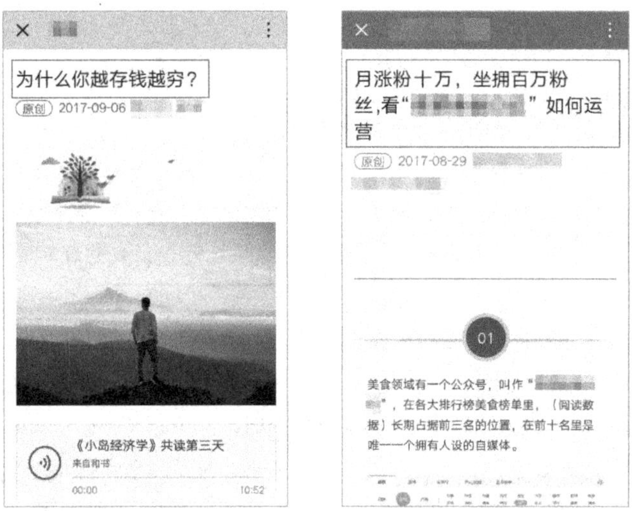

（1）　　（2）

▲图 1-10 形式新颖的文案标题

解析

图 1-10 所示的是新媒体文案标题采用了新颖形式的案例。

《为什么你越存钱越穷？》这一文案标题采用的是问句形式，在无形之中与读者产生了互动。

《月涨粉十万，坐拥百万粉丝，看“××××”如何运营》这一文案标题的元素十分详细，包括“十万”“百万”等大数据的呈现。

007 积累点睛词汇

要想吸引读者，新媒体文案的标题就必须有其点睛之处，而给文案标题“点睛”是有技巧的。

新媒体文案的标题可以加入一些能够吸引读者眼球的词汇，例如“秘诀”“免费”等。这些“点睛”词汇能够以其自身表现出来的“出乎意料”，让读者产生打开文章的好奇心。如图 1-11 所示。

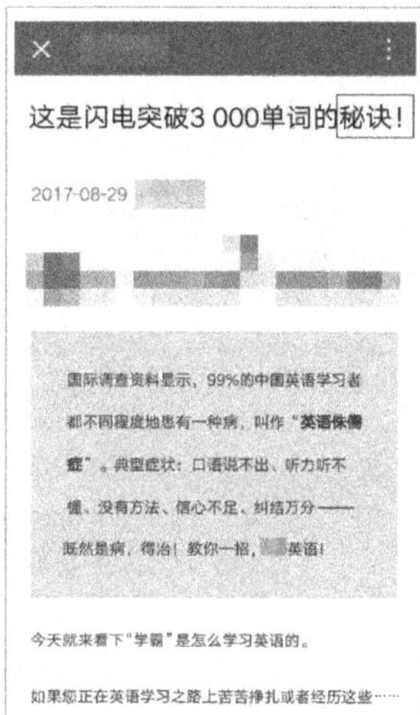

（1）

（2）

▲图 1-11 加入“点睛”词汇的文案标题

解析

图 1-11 所示的是在新媒体文案的标题之中加入了“点睛”词汇的案例。这几则案例中的“点睛”一词能够很好地吸引读者的眼球。

《这是闪电突破 3 000 单词的秘诀！》这一文案标题中的“点睛”词汇就是“秘诀”。读者在面对这种带有神秘性质的词汇时都会比较敏感，所以也会高度关注。

《免费！免费！临沂这些景区持准考证就免费！》这一文案标题吸引人的词汇就是“免费”，能给读者带来利益，自然也就能引起读者的关注。

008 促进百度收录

作为我国网民最常用的搜索网站，百度对新媒体从业者来说具有广泛的影响力。一篇新媒体文案想要获得更高的曝光率，就可以借助百度搜索的功能。如果能够在百度当中被搜索到，那么这篇文案的影响面就有可能更广，看到的人也才有可能更多。

那么如何促进文案标题被百度收录呢？方法如图 1-12 所示。

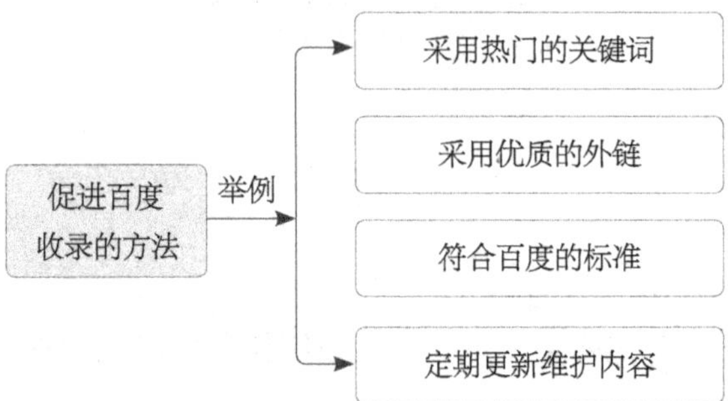

▲图 1-12 促进百度收录的方法

注意，尽量不要采用千篇一律的标题，否则会降低读者的新鲜感，作者在撰写标题时，要注意运用创新。

例如，想要写“新媒体营销攻略”和“如何快速瘦小腿”的标题，可以先将两则标题在百度中进行搜索，结果发现已经有很多与之相似的文案标题了，那么这两个标题就应该采取创新的方式。搜索结果如图 1-13 所示。

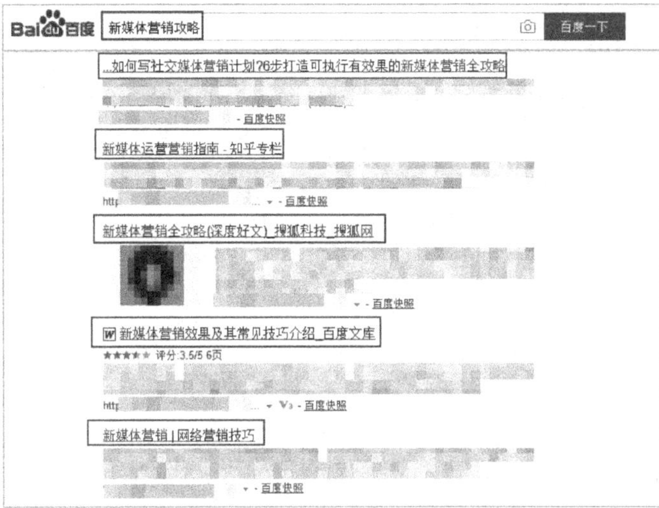

（1）

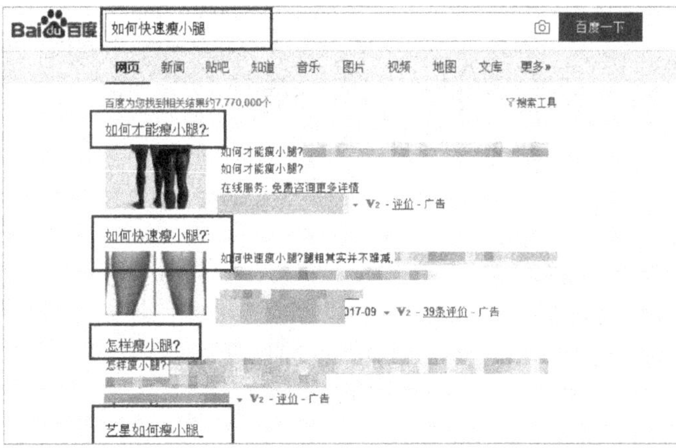

（2）

▲图 1-13 百度搜索结果中相似的标题

解析

图 1- 13 所示的是被百度收录了的文案标题。

在《新媒体营销攻略》中，“新媒体营销”作为近年火热的话题，最容易被百度收录，而“攻略”则因其使用范围广泛，也就更容易被百度收录。

《如何快速瘦小腿》是因为有很多人想要“瘦小腿”，从而相关搜索量增加，促使百度收录了大量相关内容。

009 考虑搜索习惯

新媒体文案的作者在撰写新媒体文案标题时需要熟悉读者的搜索习惯。如果不考虑读者的习惯，那么相关标题极有可能无法吸引读者。熟悉读者的搜索习惯，先要了解读者搜索的内容的分类，如图 1-14 所示。

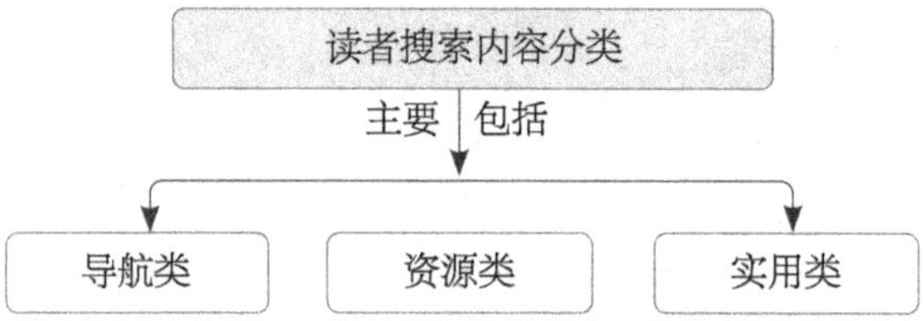

▲图 1-14 读者搜索内容示意图

对图 1-14 中所述的 3 类搜索内容，下面一一进行介绍。

“导航类”是指读者在搜索时有一个明确的网址，读者直接利用网址进行搜索的情况，如图 1-15 所示。

▲图 1-15 “导航类”搜索

“资源类”是指读者在没有明确目标的情况下，通过网络搜索来找到某一类事物的情况，例如搜索“抒情类流行乐”“意识流小说”“抽象派油画”“森系手机壁纸”等，如图 1-16 所示。

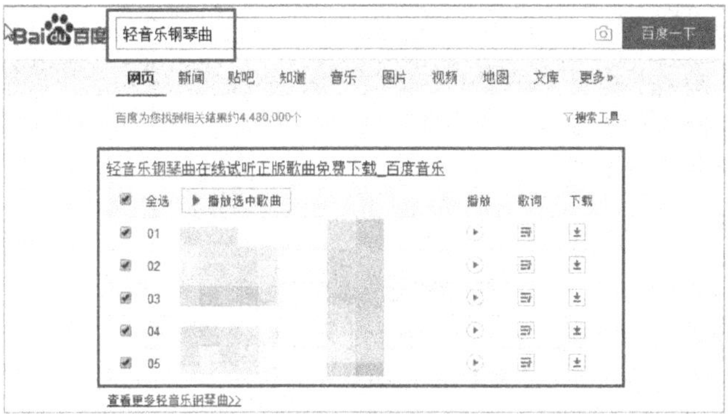

▲图 1-16 “资源类”搜索

“实用类”则是读者想要解决某一问题而产生的搜索行为，例如搜索“如何做可乐鸡翅”“衬衣怎么洗才不会发皱”“麻辣香锅的做法”“84 消毒液和洁厕灵为何不能同时使用”等，如图 1-17 所示。

▲图 1-17 “实用类”搜索

新媒体文案的作者在撰写文案标题时还要注意研究读者的搜索内容，掌握其搜索习惯，进行有针对性地标题写作，只有这样，才能保证文案有较可观的阅读量。

作者在撰写文案标题时也可以先在网上搜索一下，再对标题进行优化加工。

010 展示最大亮点

软文发布的目的就在于吸引读者的注意力，最终促进企业产品的销售。为此，在软文标题的拟写过程中，应该将产品的最大亮点展示出来。这样读者可以在看标题时，了解到软文中所提及的产品具有怎样的特点，是否符合其购买的需求。

在软文标题要展示产品最大亮点这一层面上，最能够打动读者的一般是表现出最新动态的产品特征。这是因为人们都有一种追求新奇的心理需求，所以，在软文标题中添加如“开始”“创新”“终于”等词语时，往往更能吸引读者的眼球，如图 1-18 所示。

▲图 1-18 展示产品最大亮点的标题

解析

图 1-18 所示的是在新媒体文案标题中展示了产品最大亮点的案例。

《泰晤士 2018 世界大学排名终于发布：中国高校排名大逆袭》这一文案标题的最大亮点在于“终于发布”。人都有争做“第一人”的想法，在看到这种带有“终于发布”的文案标题时，读者就会想成为第一个知道消息的人，自然也就会点击文章阅读内容。

011 要体现实用性

在新媒体运营过程中，文案撰写的目的是告诉读者能获得哪些实用性知识或得到哪些有价值的启示。为了提升文案的阅读量，作者在进行标题撰写时应该展现其实用性，以期最大程度地吸引读者。

例如与养生有关的新媒体账号，会在文案中介绍一些养生方法，并在文案标题中将其展示出来。读者看到这一文案后，就会查看标题所介绍的有关养生的详细方法。

像这一类具有实用性的文案标题，对文案内容的实用性和针对对象做了简练说明，为那些需要相关知识的读者提供了一目了然的解决方案。

可见，展现实用性的文案标题一般多出现在专业性较强或与生活常识相关的新媒体文案中。

例如，一些分享摄影技术或摄影器械的文案，多会在标题当中将其实用性展示出来，让读者能够清晰地知道这篇文案的目的是什么。

展现实用性是设置标题的一种非常有效的原则，特别是对那些在生活中遇到类似问题的读者而言，利用这一原则撰写的软文标题是极具吸引力的。在文案标题中展现其实用性的案例如图 1-19 所示。

（1）

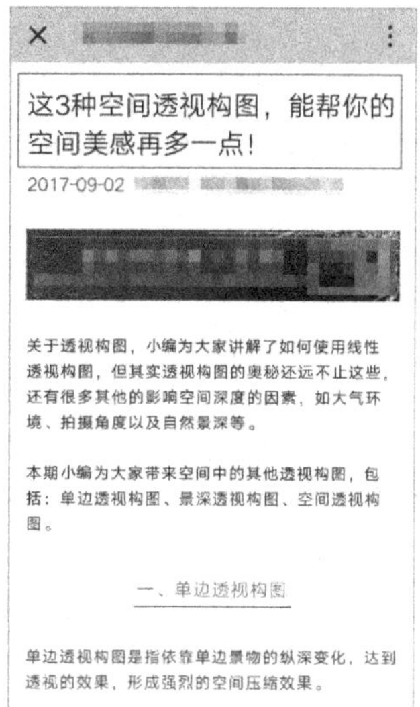

（2）

白露节气养生须知：白露温差大注意保暖，饮食宜润肺

2017-09-06

阳历9月7日的“白露”，原以为天气逐渐转凉，但白天时阳光尚属温暖，但到晚上气温便会下降，夜间空气中的水气遇冷，并凝结成水滴，附着在树木、花瓣上，便称之为白露。

（3）

▲图 1-19 体现实用性的文案标题

解析

图 1-19 所示的是体现实用性的新媒体文案标题案例。

《3 种线性透视构图，让画面动起来！》和《这 3 种空间透视构图，能帮你的空间美感再多一点！》这两则文案标题都出自同一个微信公众号。该公众号主要推送的就是摄影方面的“干货”，所以，相关文案的标题涉及的内容也是关于摄影技巧的，实用性非常强。

《白露节气养生须知：白露温差大注意保暖、饮食宜润肺》这一文案标题则出自某养生类的新媒体账号。该新媒体账号以向读者推荐养生常识为主，其实用性也在标题中体现了出来。

体现实用性的文案标题能够让读者从标题中就能看见文章为其带来的实用价值，因此，读者更愿意点击这种标题的文章。

012 展现阅读价值

那些吸引人注意的标题有一个共同的特点——富有价值感。

新媒体平台上某些文案的标题是通过各种提问方式来设置并体现价值的，如图 1-20 所示。

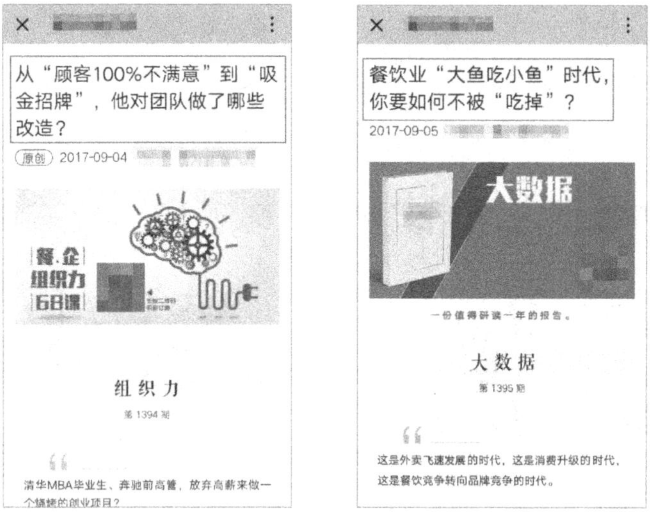

（1）　　（2）

▲图 1-20 通过提问来设置并体现价值的文案标题

解析

图 1-20 所示的是运用提问的方式来巧妙地体现软文的知识和学习方面的价值所在的标题案例。

《从“顾客 100% 不满意”到“吸金招牌”，他对团队做了哪些改造？》这一文案标题中“他对团队做了哪些改造？”明确展现了该篇软文的价值所在。在餐饮行业越来越难做的情况下，该文告知读者，如何在这一片红海之中逆袭并脱颖而出，还给读者在市场推广和销售方面提供了参考价值。

《餐饮业“大鱼吃小鱼”的时代，你要如何不被“吃掉”？》这一文案标题中“你要如何不被‘吃掉’？”在向读者提问的同时，又体现了文案本身的价值，即关于“你要如何不被‘吃掉’？”这一问题的答案。

新媒体文案标题除了运用各种提问方式外，还可以通过陈述句的方式来体现文案的价值，如图 1-21 所示。

（1）

（2）

（3）

▲图 1-21 陈述句展现实用价值的文案标题

解析

图 1-21 所示的是采用陈述句的方式来展现文案实用价值的标题案例。

《6 条实用建议，给迷茫中的职场女人》和《控制得了坏脾气的人，才能控制人生》这两则标题都体现出了能让读者精神和心灵得到鼓舞和震动的核心价值。

《深到骨子里的教养》这一文案标题虽然没有明确体现出实用价值，但是它能吸引读者点开文案。这一类文案的价值都体现在吸引读者的注意上。

在文案标题的撰写形式上还有着许多不同的方式，如省略式、悬念式、总结式等。这些都是围绕软文的价值感而展开的，是多样形式下的价值呈现，其目的都在于吸引读者的注意。因此，价值感的体现也是撰写软文标题必须遵守的原则之一。

013 应突出差异性

在新媒体运营中，软文标题撰写的四大原则在作用和地位上还是有一些区别的，具体表现如图 1-22 所示。

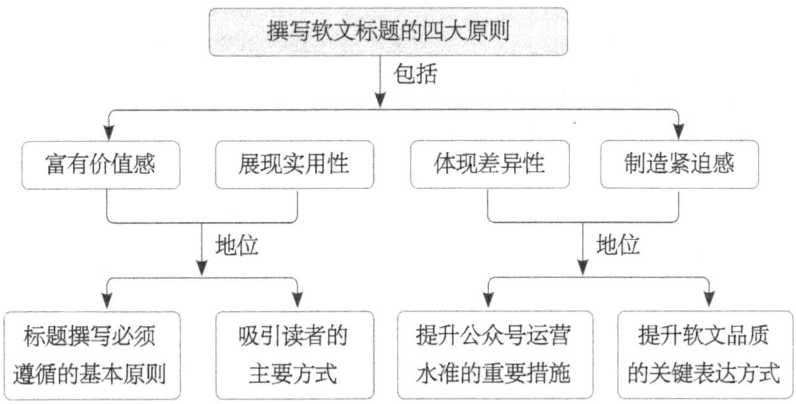

▲图 1-22 撰写软文标题的四大原则的作用和地位分析

在图 1-22 所示的四大原则中，体现差异性和制造紧迫感是让软文出奇制胜的关键所在，在此主要介绍文案标题撰写的差异性原则。这一点可从两个方面进行分析。

其一，同一新媒体平台内的差异性标题是充分展现平台文案撰写和运营水平的重要因素。图 1-23 所示就是同一新媒体平台中的文案标题，其充分体现出了差异性标题的撰写原则。

（1）　　　　（2）

▲图 1-23　同一新媒体平台中差异性的文案标题

解析

图 1-23 所示的是在同一新媒体平台中标题撰写有所差异的案例。

《“作答前请揣摩出题人的意图”》和《喜欢是新鲜感，爱是久处不厌》这两则文案标题来自于同一个微信公众号，但两则文案标题的类型和风格却有所不同。

《“作答前请揣摩出题人的意图”》这一文案标题带有调侃和搞笑的意味，而《喜欢是新鲜感，爱是久处不厌》则表现得十分具有文艺气息。

在新媒体运营中，在保持文案内容定位统一的基础上，还要在标题撰写上有差异性，否则，容易让读者产生审美疲劳，对读者而言也缺乏吸引力。因此，在运营新媒体账号时，必须在标题撰写的差异性上下功夫，力求有着多样化的表现形式。如今众多新媒体文案都非常注重其内部运营的差异性，也遵循了这一标题撰写原则。

其二，不同平台之间的差异性标题是充分展现文案个体突出特点的重要表现。在竞争激烈的文案运营环境中，要想不“泯然众人矣”，就要撰写具有差异性的文案标题。在读者对相似的文案标题无动于衷的情况下，突然出现有突出特点且表达方式迥异的标题的文案必然能够吸引读者的注意力，由此而产生的阅读量增加也就不足为奇了。

图 1-24 所示为一些新媒体账号的推送体现了差异性的文案标题，它们或为

展现独家性，或在语言表达上突出重点（如利用叠字就是其中一例）。

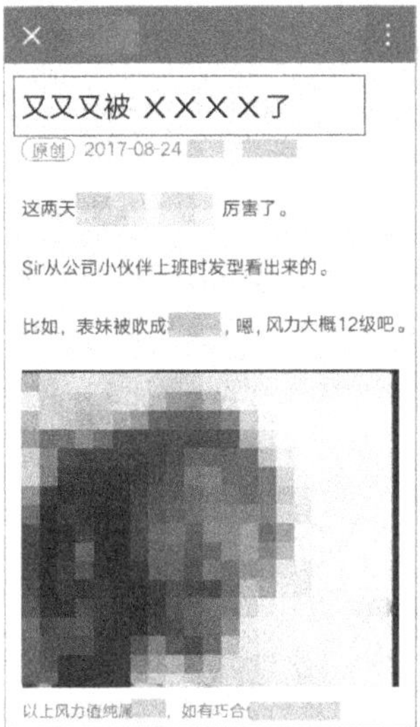
又又又被 XXXX了

原创 2017-08-24

这两天 厉害了。

Sir从公司小伙伴上班时发型看出来的。

比如，表妹被吹成 ，嗯，风力大概12级吧。

以上风力值纯属 ，如有巧合

（1）

好吃不长胖的小零食，营养师都在推荐

原创 2017-09-05

《中国居民膳食指南》建议，中国居民每天应该吃25g~35g坚果。

坚果含有丰富的蛋白质、膳食纤维、多酚等。

这些物质能促进新陈代谢，对减重有益，有助于

（2）

全运会进入倒数第二个比赛日 湖南体操田径将发力

百家号 17-09-07 10:09

天津第十三届全运会8月27日开幕，由湖南体彩冠名的全运会红网特别报道团在天津进行现场报道。9月7日，全运赛场将共产生44枚金牌，湖南代表团将参加体操、跳远、田径接力等比赛的决赛。

（3）

▲图 1-24 不同新媒体账号文案体现差异性的标题

解析

图 1-24 所示的是 3 个不同的新媒体账号所呈现出来的标题的差异性。

《又又又被 ×××× 了》这一文案标题的新媒体账号主要是进行电影推荐的，该文案标题使用了叠字"又又又"，不仅让标题形式焕然一新，还能引起读者的注意。

《好吃不长胖的小零食，营养师都在推荐》这一文案标题来源于一个美食推荐账号。该账号的读者都是美食爱好者，所以用带有美食或美食爱好者关心的话题做标题就能吸引到读者的注意。

《全运会进入倒数第二个比赛日 湖南体操田径将发力》是一则新闻报道，其标题差异性也十分显著，正经严肃，不带有太多主观色彩，只是呈现事件现状或发展。

第 2 章

要点掌握：8 个标准，全面评估

学前提示 >>>

新媒体作者在撰写文案标题时，要学会抓住标题的要点，只有抓住要点才能准确无误地打造标题。

本章将从掌握标题要点的思路出发，重点介绍打造新媒体文案爆款标题的8个标准。

要点展示 >>>

- 给读者提供了什么益处或奖赏
- 切入方式是否清楚、直接和简洁
- 是否具有创意
- 标题元素是否已尽可能具体化
- 是否很好地搭配了视觉设计
- 是否能与内文产品合理衔接
- 是否能让读者产生好奇心
- 是否对目标用户进行了筛选

014 给读者提供了什么益处或奖赏

在这样一个“万物皆媒”的时代，谁掌握了新媒体的运营规律，谁就能在新媒体的海洋中游刃有余。这就要求新媒体作者在文案标题的撰写过程中要把握其规律。

新媒体作者应该用读者的心态看问题，从读者的角度去发现和研究规律。标题就是新媒体文案的“脸”，这张“脸”能不能吸引读者，能吸引多少读者，就要看作者的功夫了。

一般来说，好的新媒体文案标题要抓住读者的心理。作者撰写文章和读者阅读文章其实是一个相互认识的过程，作者想要传达某种思想或要点给读者，读者也希望能在文案当中获得益处或奖赏。

新媒体文案标题里所说的益处或奖赏分为两种，其中一种方式是物质上的益处或奖赏，如图 2-1 所示。

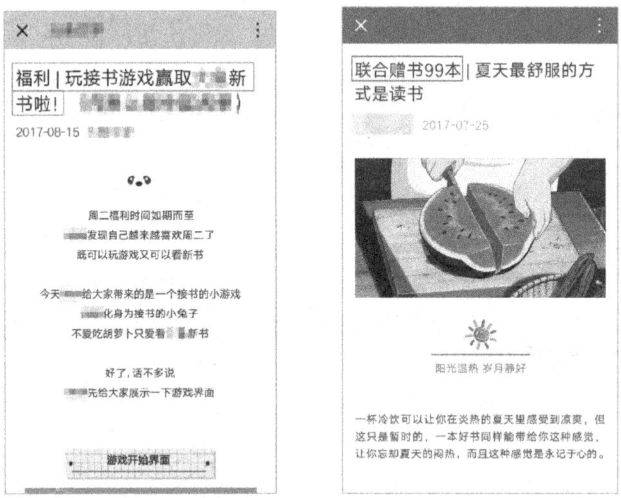

（1）　　　　（2）

▲图 2-1 标题体现物质上的益处或奖赏

解析

图 2-1 所示的是新媒体文案的标题中含有物质上的益处或奖赏的案例。案例当中出现的“福利”和“赠”这样的字眼，就代表了能让读者有机会得到免费赠品或奖赏，大大提高了读者的参与度。在这一类案例当中，作者直接将物质奖赏放入标题，其所表示的奖赏或益处都是客观存在的实际物质，读者可以清楚地看出阅读这篇文章之后可以获得的益处。

这一类标题抓住了读者的心理，将奖赏恰当地放入文案标题当中。例如，某家电生产厂家有一批新型智能空调即将上市，上市之前要通过媒体做预热，需阐述预定该空调可享受相应的折扣优惠，那么这篇文案的标题则可以从折扣方面入手，当读者或用户看到这样的文案标题时，就会被标题中的折扣所吸引。

新媒体文案标题里所说的另一种益处或奖赏则是让读者在技术或心灵上得到益处或奖赏，如图 2-2 所示。

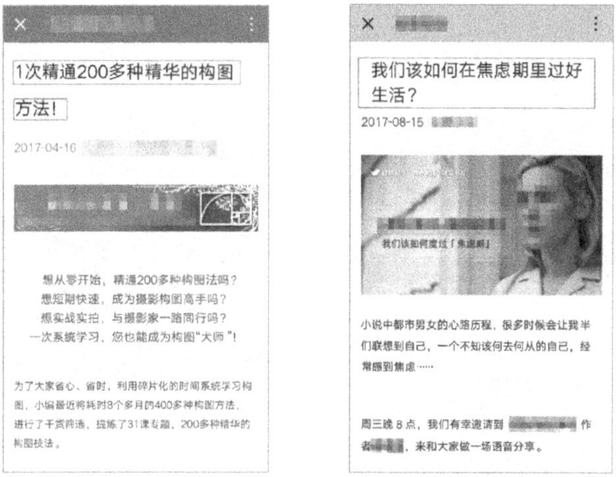

（1）　　　　（2）

▲图 2-2　标题体现技术或心灵上的益处或奖赏

解析

图 2-2 所示的新媒体文案标题中所讲的益处或奖赏是技术或心灵上的。这一类新媒体文案大多是分享技巧或心灵感受，例如摄影的文案标题就会分享一些摄影“干货”。所谓心灵上的益处就是在标题中展示出读者看了这篇文章之后会获得心灵上的感悟与充实，如《我们该如何在焦虑期里过好生活？》在标题上就展示出了文章是教读者如何在焦虑的生活中找到更好的生活方法，给读者以心理上的疏导。当看到这样的标题时，有焦虑感的读者就会进一步阅读内容，以期获得心灵上的慰藉。

015 切入方式是否清楚、直接和简洁

如今，人们忙工作、忙生活，造就了快节奏的生活方式，而新媒体文案的标题也要随之改变，要清楚直接，让人一眼就能看到重点。

在撰写新媒体文案标题时，一定要重点突出、简洁明了，标题字数不要太长，

最好能够朗朗上口。这样才能让读者在短时间内清楚你想要表达的内容是什么，读者也就自然愿意打开文章去阅读内容了。

简单直接的新媒体文案标题主要分为两大类。一是娱乐生活类，娱乐生活类因其所涉及的话题都较为轻松，其新媒体文案标题会使读者感到愉悦，如图 2-3 所示；二是新闻类，这一类新媒体文案标题要求客观真实，直接抓要点，直接表达想要表达的内容，如图 2-4 所示。

（1）　　　　（2）

▲图 2-3 简单直接的娱乐生活类文案标题

解析　如图 2-3 所示，娱乐生活类的文案标题切入得简单直接，更适合那些不想花费太多精力的读者阅读。

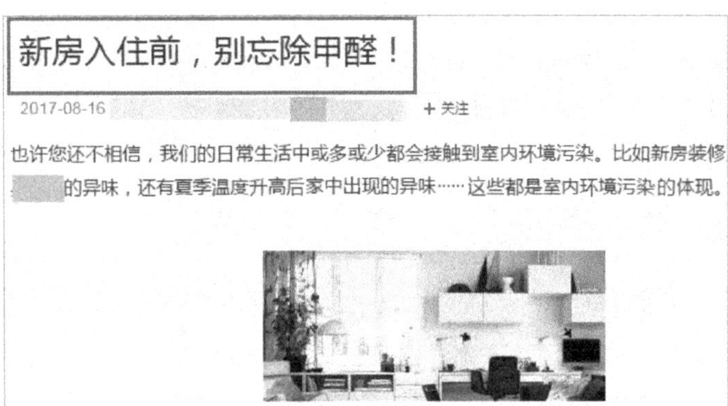

（1）

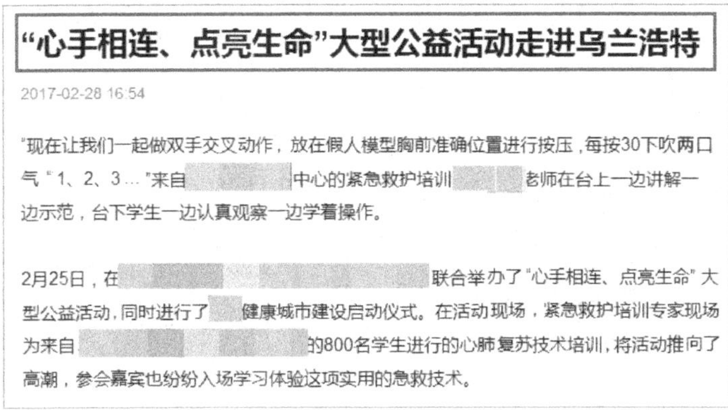

“心手相连、点亮生命”大型公益活动走进乌兰浩特

2017-02-28 16:54

“现在让我们一起做双手交叉动作，放在假人模型胸前准确位置进行按压，每按30下吹两口气“1、2、3…”来自　　　中心的紧急救护培训　　老师在台上一边讲解一边示范，台下学生一边认真观察一边学着操作。

2月25日，在　　　　　联合举办了“心手相连、点亮生命”大型公益活动，同时进行了　健康城市建设启动仪式。在活动现场，紧急救护培训专家现场为来自　　　　的800名学生进行的心肺复苏技术培训，将活动推向了高潮，参会嘉宾也纷纷入场学习体验这项实用的急救技术。

（2）

▲图 2-4　简单直接的新闻类文案标题

解析

图 2-4 所示的是新闻类文案标题，从这类标题当中可以看出其特点：简洁明了。标题里所包含的信息一目了然，让读者通过标题即可对文章内容有大致的了解。

016　是否具有创意

这是一个创新制胜的时代，在这样的大背景下，新媒体文案的标题撰写也要顺应时代趋势。怎样才能让自己的新媒体账号引得众人关注？那就要独树一帜，有自己鲜明的风格和特点，只要做到这样，你的新媒体文案就成功了一大半。

怎样才能让新媒体文案的标题独树一帜又风格鲜明呢？这就要求作者在撰写新媒体文案标题时，要有独特的创意，要想到别人想不到的点子。另外，标题所传达的信息要十分清晰明确，要在瞬间抓住读者的眼球，争取达到让读者耳目一新的效果。

像这种既具有创意、信息又鲜明突出的标题有两大类。一类是广告性质的，广告文案标题极具创意又信息鲜明，目的都是为达到某产品的营销推广效果。这类标题又分为隐藏性和非隐藏性两种；另一类是非广告性质的，范围相对更宽泛。隐藏性的广告创意标题如图 2-5 所示，非隐藏性的广告创意标题如图 2-6 所示。

一个冰激凌滑梯他们还能玩儿出花样？

原创 2017-08-13

可能是童年那群种太阳的小朋友成功发明太阳种植技术，今年的夏天格外热，在空调房里吃着冰激凌才觉得活过来了。聊起，大家纷纷表示在这种天气里，工厂只会整段，变成查理的巧克力海洋。，提议动手建造一个不会垮掉的冰激凌城堡！几个小朋友用乐高玩具搭起一座城堡，还买光了附近便利店的冰

没错就是纸尿裤！（惊不惊喜？意不意外？）

精挑细选了3种市面上常见的纸尿裤，分别铺在几个滑梯口，冰激凌顺着滑梯滑下并在滑梯口垂直滴落在纸尿裤上。

到底谁才是能够真正保卫城堡的纸尿裤勇士？

冰激凌从三种纸尿裤上滑落

刚开始几个纸尿裤均将冰激凌充分吸收，没有造成渗出。马上将更多的冰激凌倒入……

（1）　　（2）

▲图 2-5 隐藏性的广告创意标题

解析

图 2-5 所示的就是隐藏性的广告创意标题。光看标题读者根本不知道是广告。《一个冰激凌滑梯他们还能玩儿出花样？》这一标题的创意体现在“冰激凌滑梯”，用冰激凌做的滑梯几乎只在电影电视里看到过，所以这一创意就能很好地吸引读者。当读者打开文章看过之后会发现这其实是一则纸尿裤的广告。

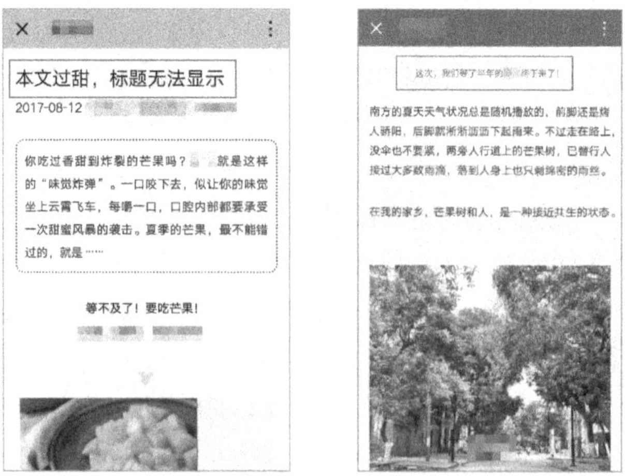

本文过甜，标题无法显示

2017-08-12

你吃过香甜到炸裂的芒果吗？就是这样的“味觉炸弹”。一口咬下去，似让你的味觉坐上云霄飞车，每嚼一口，口腔内部都要承受一次甜蜜风暴的袭击。夏季的芒果，最不能错过的，就是……

等不及了！要吃芒果！

南方的夏天天气状况总是随机播放的，前脚还是烤人骄阳，后脚就淅淅沥沥下起雨来。不过走在路上，没伞也不要紧，两旁人行道上的芒果树，已替行人接过大多数雨滴，落到人身上也只剩绵密的雨丝。

在我的家乡，芒果树和人，是一种接近共生的状态。

（1）　　（2）

▲图 2-6 非隐藏性的广告创意标题

解析

图 2-6 所示的是非隐藏性的广告创意标题。读者在看到这类标题时便能猜出这是一则广告。通过《本文过甜，标题无法显示》这一标题其实不难看出内容应该是和某类甜味的食物有关，其创意在于“本文”过“甜”。一篇文章单从文字上来讲是不会有甜味的，但这一标题把文章变“甜”了，读者就会觉得很有趣，点开文章就能看见这甜的来源其实是某品种的芒果，从而也就达到了预期的效果。

还有一类非广告性质的创意标题。这一类标题不是给某产品做营销，而只是一篇新媒体文案的标题，如图 2-7 所示。

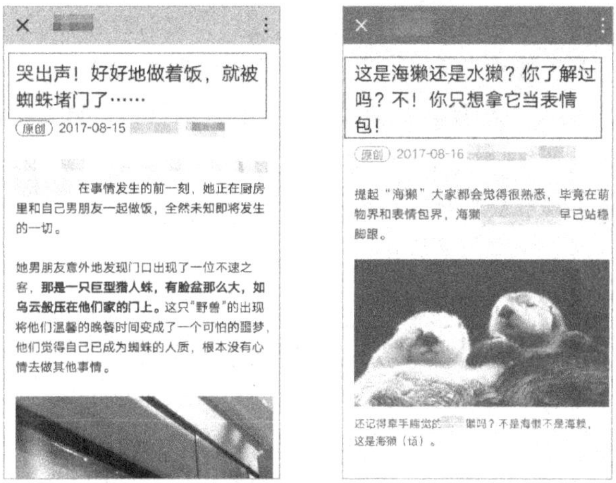

（1）　　（2）

▲图 2-7 非广告性质的创意文案标题

解析

图 2-7 所示的是非广告性质的文案创意标题。之所以说有创意，不仅是因为它在文字上面下功夫，还结合了人们的生活。

例如，《哭出声！好好地做着饭，就被蜘蛛堵门了……》这一文案标题是非广告性质的，在正文开头可以清楚地看到讲的是巨型蜘蛛，而“巨型蜘蛛”对一般人来说算得上是惊奇的事情。这就体现出了文案的创意，信息也十分鲜明。

海獭这篇文章的创意则体现在将海獭和水獭这两种人们时常分不清的物种放在一起做对比，人们看到这样的标题时就会想要看看这两者的区别到底是什么，而“表情包”的放入也符合了人们爱用表情包的这一习惯。这样的文章标题不仅有创意，还能和人们的日常生活联系在一起，拉近和读者距离的同时，又不失生动有趣。

017 标题元素是否已尽可能具体化

“标题元素”也就是标题的构成部分。一则新媒体文案的标题元素是否具体化，关系到这篇文章的点击量。标题元素具体化就是将标题中的重要构成部分说具体，要精确到名字或直观的数据。

以《某人在公交车站旁捡到装巨款的包》为例，该标题中比较重要的元素就是“某人”“公交车站”和“巨款”。在这些元素当中，公交车站是已经具体了的，“某人”是什么人？小孩、老人还是年轻人？这些信息在标题中都没有展现。“巨款”到底有多少？标题中也没有显示出来。这个标题对读者的冲击力并不会很大。如果将它改一下，改成《出门就捡钱，小学生在公交车站捡一包，里面竟有 60 万元人民币！》，这样一来标题中的重要元素就被具体化了，“某人”就是“小学生”，“巨款”也具体成了“60 万元人民币”。相对于“巨款”一词来说，“60 万元”的冲击力可能更大。新媒体作者在撰写新媒体文案的标题时，应尽量将标题中的重要元素具体化。

从读者的角度来说，相对于文字来说，人们对数字更为敏感，数字与人们日常生活中的诸多事物有关，人们更关注数字的多少和走向。这种具体化的文案标题案例如图 2-8 所示。

（1）

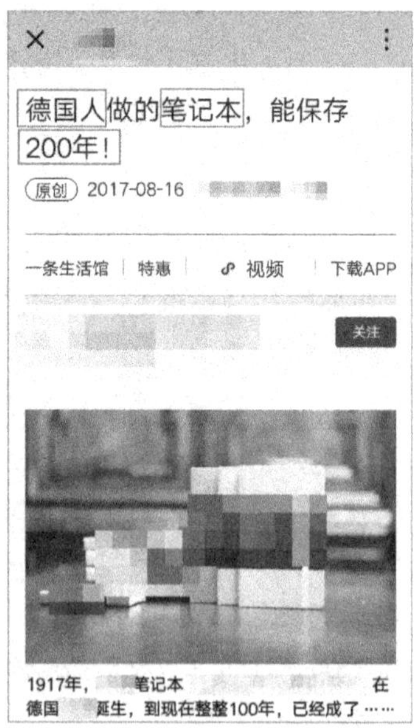

（2）

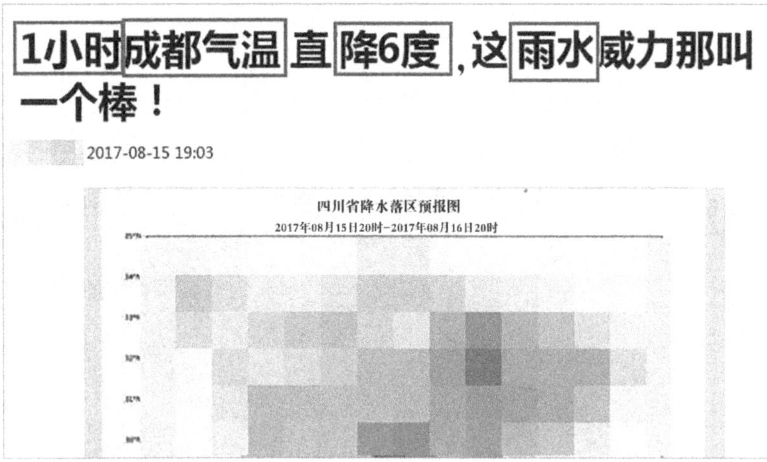

（3）

▲图 2-8 标题元素具体化的例子

解析

图 2-8 是新媒体文案标题当中元素具体化的案例。在这些案例中，读者可以很清楚地看出标题当中的重要元素都具体成了地名、原因和数字。这样的文案标题更加简洁、明确，能够抓住读者的眼球。

018 是否很好地搭配了视觉设计

新媒体文案标题当中的“视觉设计”就是指文案标题的整体设计。这里的设计又包括了配图、构图、颜色、字体、字间距等一系列内容的设计和排版，目的是让读者有一个舒服愉悦的阅读体验。

新媒体文案讲究“图文并茂”，也就是说一篇文章里既要有文字又要有图片。这是内容的较好表现形式，特殊情况除外。“图文并茂”确实是一个很好的方法，因为它能让读者有一个很好的视觉感受。所以，新媒体作者在撰写文案标题时也要做好标题和图片的搭配，让读者在看到封面标题时能很快清楚文章的内容。例如，《如何将早晨的露珠拍得栩栩如生》这一文案的封面就可以是早晨一片绿叶上面的露珠，这样不仅很好地契合了文案标题，也将图片和文案内容做了一个很好的搭配。

说起“视觉设计”就要提到文案的排版，一篇新媒体文案的“视觉设计”除了文案内容以外，标题也是需要排版的，如图 2-9 所示。

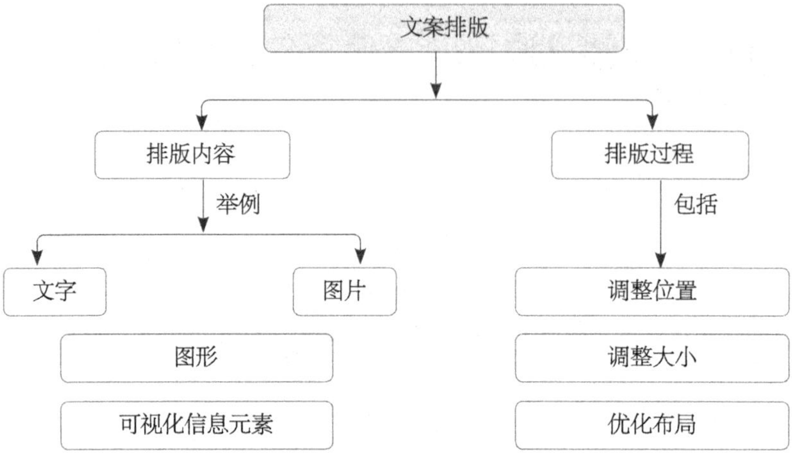

▲图 2-9 文案排版

以微信公众号为例。微信公众号在推出一篇文章时，标题该如何排版才能让读者在看到的第一时间就有较好的视觉体验呢？这与标题的字体、颜色、间距、大小等诸多方面有关。

微信公众号的文案标题有两种展示方式，具体如下。

（1）直接展示。指的是可以直接通过封面看出文案标题的大致内容，如表示庆祝的这类标题，如图 2-10 所示。

（1）　　　　（2）

▲图 2-10 “直接展示”型的文案标题

解析

图2-10所示的案例就是“直接展示”型的标题案例。这一标题讲的是某公众号一周年的“庆典活动”。一周年是一个值得庆祝的时刻，所以这篇新媒体文案的标题就是“公众号1岁”的赠书活动，其所表达和展现的氛围也都是喜庆的。这篇文案的封面也是很喜庆的“烟花”造型，并搭配比较喜庆的颜色。

（2）内容视图。例如，偏文艺的文案标题所配的封面图就是偏文艺的，读者不能从封面上直接看出文案写的是什么。更多的时候，文案封面是要靠作者去寻找的，有了标题再去寻找和标题风格一致的封面图，所以在这种时候，读者只能看出封面和文案标题的风格是一致的，但封面又不能直接将标题的内容展示出来。内容视图型的案例如图2-11所示。

（1） （2）

▲图2-11 “内容视图”型的文案标题

解析

图 2-11 所展示的就是文案封面和标题风格一致的案例，例如《林深时见鹿，梦醒时见你》，光看标题就知道这是一篇青春文学类文章。读者在还没有点开这篇文章时看见的封面上是一个“戴围巾的小姑娘”的插画。这张封面的背景十分清新淡雅，色调也十分文艺，封面和文案标题在风格上达成了一致。

当读者点开文章之后，所呈现出来的标题和图片又有一点不同，标题还是那个标题，只是标题下面的图片不再是封面图片了，但标题下面的图片也和标题做了很好的搭配。第二幅插图的色调偏冷，和《林深时见鹿，梦醒时见你》这一标题所呈现的意象是一致的。插画中小姑娘的帽子又是暖色调的，插画颜色冷暖（颜色为手机屏幕显示）搭配得当，既能突出插画，又不会抢标题的风头，还和文章标题所讲的内容贴切。这样的搭配会带给读者温暖的感觉。

019 是否能与内文产品合理衔接

在文案写作当中，有一种情况叫作“文不对题”，意思就是文案的内容和标题完全不一致。

在新媒体文案的标题写作中也存在类似问题。如果读者看见一篇文案的标题之后点击进去查看内容，结果发现标题和内容说的相差甚远，读者就会产生很不好的阅读体验，对这篇文章也就失去了兴趣，甚至会对这个品牌失去好感。这就说明了新媒体文案标题和内容要有关联的重要性。

新媒体文案的写作其实就相当于写一篇作文，只是这篇“作文”是要达到宣传某产品或某品牌的目的。

在新媒体文案的标题写作当中，要做到标题和文章内容紧密联系，也就是说，在新媒体文案的标题当中要突出文案内容的中心或重点，要让读者在看到标题时大致知道作者想要表达什么内容。相关案例如图 2-12 所示。

（1）

（2）

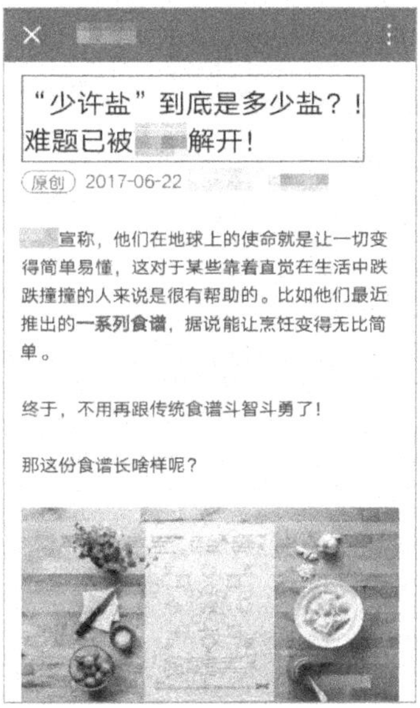

（3）

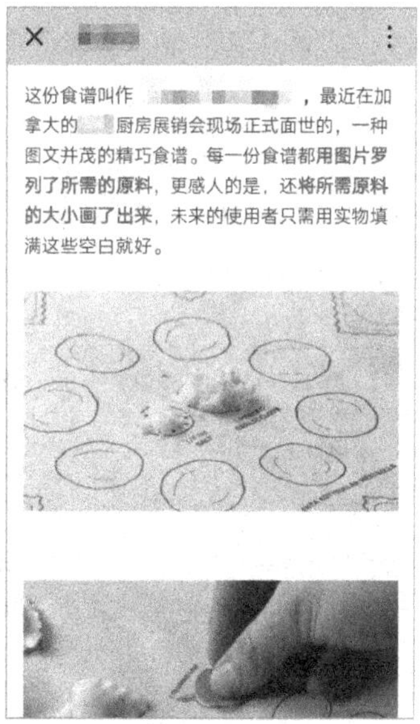

（4）

▲图 2-12 文案标题与内文衔接合理

解析

图 2-12 是文案标题与文案内容衔接合理的案例。

第一篇文案的标题重点为“美食构图”，点开之后也可以看到内文所讲的就是美食构图方面的内容和案例，这就使该文案的标题和内文做了很好的衔接。

第二篇文案单从字面意义上来看，重点可能不像第一篇文案那样直接，而是用了生活中常见的问题引出标题和文案内容。在做菜时关于放置调料时出现的“少许”“一点”“适量”等模糊性的量词，因为没有具体的数字，人们通常都会很苦恼，而该文案标题就用这样的实际问题引起读者的兴趣。读者点开文章之后，会发现该文是给一个新发明的食谱打广告，而该食谱最大的特点就是帮助人们解决“少许”“一点”“适量”等模糊不清的“厨房难题”。

这些案例都很好地诠释了标题与内文衔接的理念。这样的文章标题在突出内文重点的同时，也能让读者更好地阅读文章。

020 是否能让读者产生好奇心

一篇文章的阅读量很高，其中一个十分重要的原因就是这篇文章让读者产生了好奇心。如果一篇新媒体文案连标题都不能引起读者的兴趣，那么读者也就不会去查看它的内容。一个好的文案标题就能让一篇文案成功一半。

优秀的新媒体文案作者一定是了解读者心理的人，既知道读者喜欢什么样的内容，也知道用什么样的标题来让读者产生好奇心，从而提升自己文章的阅读量。能让读者产生好奇心的文案标题案例如图 2-13 所示。

两千元的西瓜？男子因好奇买了一个方西瓜，切开后瞬间哭了

农村老林 2017-08-17

夏天，大家最喜欢吃的应该就是西瓜了吧。把西瓜放在冰箱里冰冻之后，再拿出来吃，一口下去冰冰爽爽的，那感觉真是棒极了，又能解渴还能缓解热气。

▲图 2-13 能引起读者好奇心的文案标题

解析

图 2- 13 是能够让读者产生好奇心的新媒体文案标题案例。这一类的新媒体文案标题善用一些有趣的问题和内容引起读者的注意，例如“两千元的西瓜？”主要是围绕大家生活当中有趣的点展开。当读者看到日常生活中有这些自己不知道或是不了解的问题时就会产生好奇心。

还有一种就是出“奇”不意的文案标题，其所说的内容都是一些在正常人眼里有点不可思议的事情，多会采用夸张、对比、自问自答等形式描述一个事件，从而勾起读者的好奇心。

021 是否对目标用户进行了筛选

没有哪一篇文案的标题是所有人都感兴趣的，这就要求新媒体文案的作者精准定位自己的用户群体。只有用户定位准确了，才能保证文章的阅读量。

例如，关于摄影的新媒体文案所针对的用户就是摄影爱好者，那么就要在文案的标题当中体现出来，让喜爱摄影的人能在第一时间就知道这篇文案是针对他们来写的；关于美食的新媒体文案所针对的用户就是美食爱好者，那么在标题上就要倾向于他们；关于旅游的新媒体文案所针对的用户就是旅游爱好者，标题也就自然要偏重爱好旅游的读者。不同的新媒体文案所针对的用户不同，这就要求新媒体文案的作者在撰写标题时要区分不同的人群。

新媒体文案标题的读者定位和筛选包括两方面的内容：一方面是内在条件的筛选，包括读者的基本信息和个人爱好，例如性别、年龄、兴趣爱好、价值取向等；另一方面是外在条件的筛选，主要包括读者的消费能力、所处地域等。弄清楚这些问题才能正确地定位用户。这就是人们常说的“知己知彼，百战不殆”。

文案标题就已经筛选了特定类型用户的案例如图 2-14 所示。

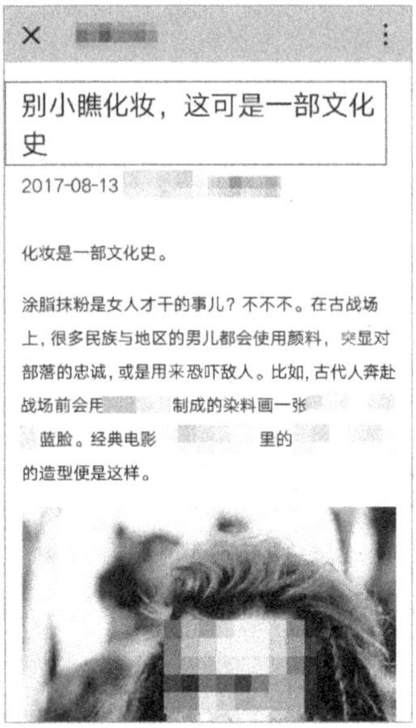

（1）

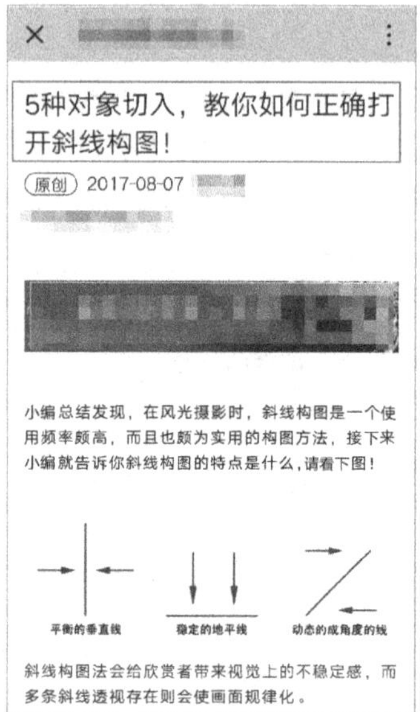

（2）

（3）

▲图 2-14 筛选了特定用户的标题

解析

图2–14分别是微信公众号和搜狐号里关于文案标题筛选了特定用户的案例。从这些案例中不难看出，每一个文案标题所针对的读者是不一样的。

《别小瞧化妆，这可是一部文化史》这一文案所针对的用户范围比较广，不仅包括了喜爱化妆的读者，也包括了热爱文化和历史的读者。这样的文案标题所筛选的读者类型就比较多。

《5种对象切入，教你如何正确打开斜线构图！》这一文案所针对的读者就是摄影爱好者，内容是教摄影爱好者如何构图。

《【大学生活】全国各地大学生生活费的参考标准！》这一文案所筛选出的用户类型除了最关注这一内容的大学生及其家长外，还可能包括已经步入社会的人。

第 3 章

爆款思路：8 种途径，展现特色

学前提示 >>>

标题是新媒体文案的“眼睛”，可以这么理解，若标题没有达到吸引读者的效果，那么整篇文案一定不会被读者点击查看。

本章将从标题写作的思路出发，重点介绍 8种打造新媒体爆款标题的途径。

要点展示 >>>

- ◆ 经验分享：授之以“渔”
- ◆ 观点展示：精准到人
- ◆ 疑惑自问：帮助答疑解惑
- ◆ 数字效果：增强视觉冲击
- ◆ 一本正经：呈现基本要素
- ◆ “十大”：扩大影响力范围
- ◆ 比对突显：突出产品优点
- ◆ 专业：获得更高追随度

022 经验分享：授之以“渔”

在生活中，经验分享式的标题特别受读者的喜爱，因为读者经常是带着目的去阅读的，想从文章中吸取某一方面的经验与技巧。图 3-1 所示为餐饮行业经验分享类的新媒体文案标题。

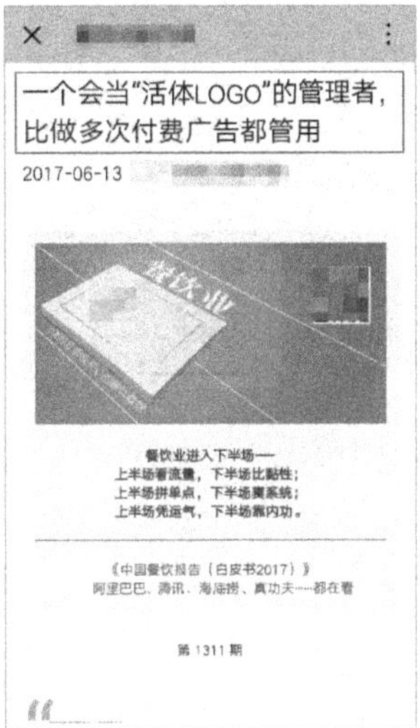

（1）

（2）

▲图 3-1 餐饮行业新媒体文案的经验分享式标题

解析

图 3-1 所示的新媒体文案标题就属于经验分享式的爆款标题打造思路，通过这类标题可以想到，作者是想向读者分享企业管理者在营销过程中为自身企业“站台”的相关知识经验，一些知名企业的管理者会有兴趣点击进去阅读。

下面再来看更加直观明了的经验分享式的新媒体文案标题示例，如图 3-2 所示。

需要注意的是，经验分享式标题下的文案内容要有一定的权威性及学术性，以及较强的经验性，切忌出现抄袭的内容。

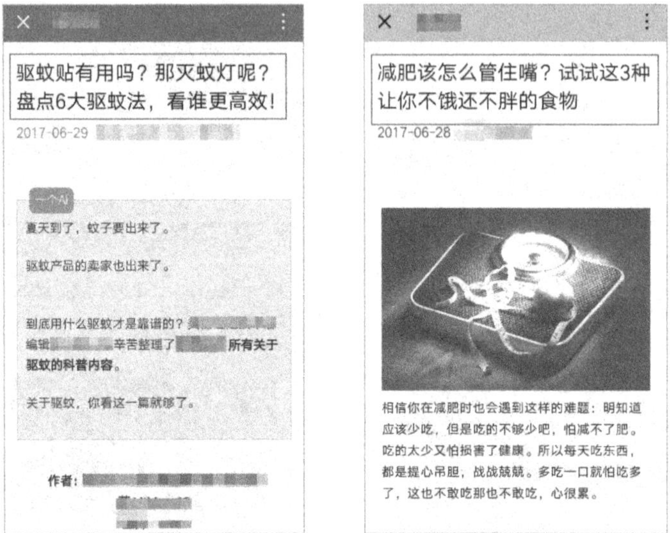

（1）　　（2）

▲图 3-2 经验分享式的新媒体文案标题

解析

图 3-2 所示的两篇新媒体文案的标题直接指明了它们主要是向人们介绍相关经验的，无论是“驱蚊法”还是让人“不饿还不胖的食物”，都以数字加效果的方式直接展示出来，简洁明了，属于经验分享式的新媒体文案标题。

023 观点展示：精准到人

所谓的“观点展示”类标题，是以表达观点为核心的一种新媒体文案标题撰写形式，一般会在标题上精准到人，会将人名和群体名称放置在标题上，在人名和群体名称的后面会紧接着补充对某件事的观点或看法。

下面就来看几种观点展示类标题的常见形式。

一类是“某某认为 / 指出 / 称”形式，这一类标题呈现的观点非常鲜明，以论述人的口吻展现出来，如图 3-3 所示。

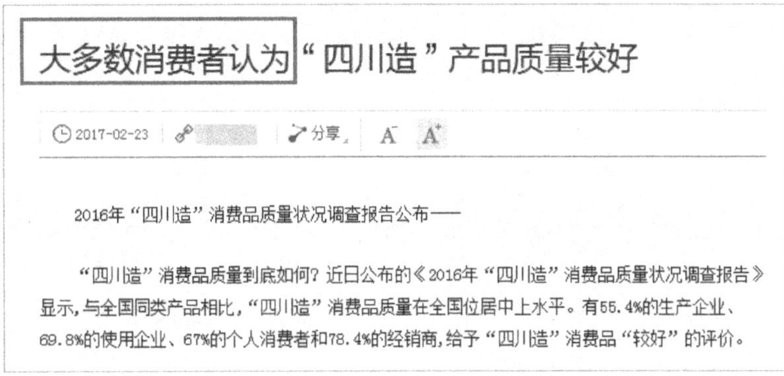

大多数消费者认为“四川造”产品质量较好

2017-02-23 分享 A A

2016年“四川造”消费品质量状况调查报告公布——

“四川造”消费品质量到底如何？近日公布的《2016年“四川造”消费品质量状况调查报告》显示，与全国同类产品相比，“四川造”消费品质量在全国位居中上水平。有55.4%的生产企业、69.8%的使用企业、67%的个人消费者和78.4%的经销商，给予“四川造”消费品“较好”的评价。

▲图 3-3 观点展示类标题

解析

图 3-3 所示的新媒体文案标题，从消费者的角度出发，以消费者的口吻来陈述一个关于产品质量的事实。读者也是消费者，在看到这一标题时，就能提升对文案内容真实性的认识，增强了文案的说服力。

这一类观点展示标题的形式在运用中出现了许多变体形式，如图 3-4 所示。

▲图 3-4 观点展示类标题的变体

一类是“某某：”形式，这一类标题通过冒号把人与观点隔开，突出显示了提出观点的人，同时也可以让读者一眼就明白其观点的内容。可以说，在提出观点的人和观点之间制造一定的距离感，可以起到非常明显的突出作用，如图 3-5 所示。

（1）　　　　（2）

▲图 3-5 "某某："式的观点展示类标题

这一类标题也有其灵活的运用形式，如图 3-6 所示。

▲图 3-6 "某某："式的观点展示类标题的变体

观点展示类标题还有一种形式，即对提出观点的人做了水平或其他方面的层级定位，也可以说是上面所示的基础标题形式的变体。它意在通过提升提出观点的人的层级定位来增加标题观点和文案内容的可信度。

024 疑惑自问：帮助答疑解惑

疑惑自问式文案标题又称问题式标题、疑问式标题。问题式标题可以算是知识式标题与反问式标题的一种结合，它以提问的形式将问题提出来，读者可以从提出的问题中知道文案的内容是什么。一般来说，问题式标题有 6 种形式，如图 3-7 所示。

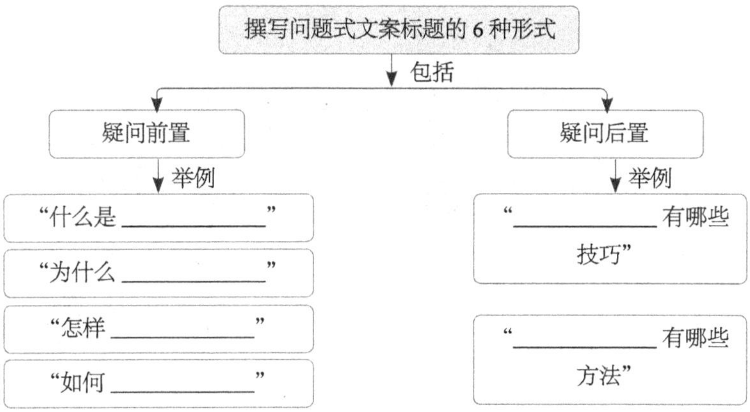

▲图 3-7 撰写问题式文案标题的 6 种形式

下面来欣赏几则问题式标题的案例，疑问前置式标题如图 3-8 所示，疑问后置式标题如图 3-9 所示。

▲图 3-8 疑问前置式标题

解析

图 3-8 所示的是疑问前置式标题，这一类标题通常将疑问词放在最前面，从而引起读者的注意，当读者看见如“为什么”“如何”“怎样”等一系列词语时也会产生相同的疑问，从而引导读者点开文章寻求答案。

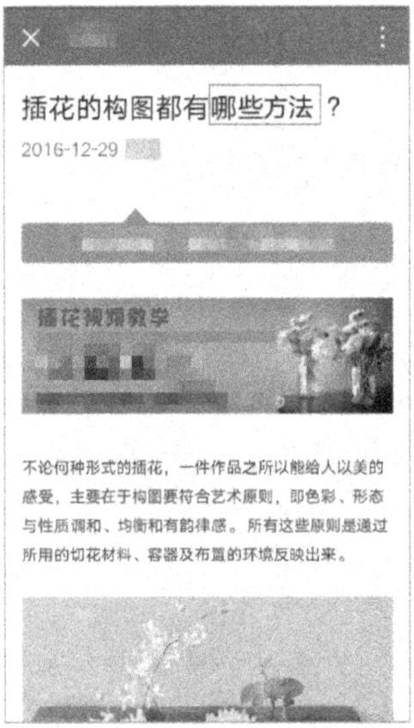

（1）

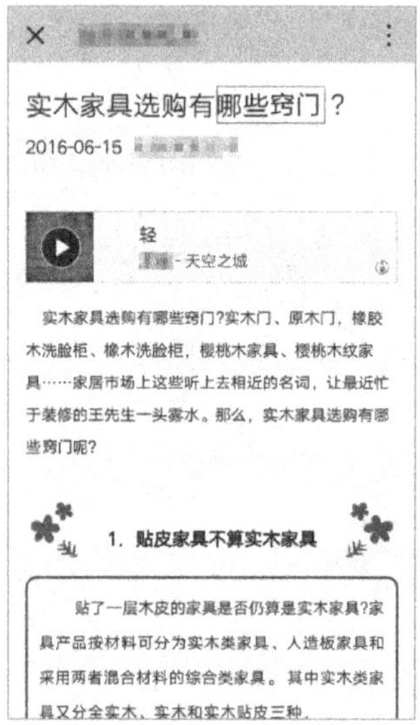

（2）

▲图 3-9 疑问后置式标题

解析

图 3-9 所示的是疑问后置式标题。这一类标题喜欢将疑问放在标题末尾，引起读者的兴趣。人们往往会对“方法”“窍门”等词汇产生很大的兴趣，这类文章往往会给人普及一些小常识或小知识，方便人们的生活。人们在面对这一类标题时，会抱着学习的心态去点开文章阅读。

025 数字效果：增强视觉冲击

数字冲击型标题也叫统计冲击型标题。是在标题中写出具体数据的文案标题形式。一般来说，数字能带来较强的视觉冲击效果。一个巨大的数字能与人们产生心灵的碰撞，很容易让人产生惊讶之感，从而让人思考数字背后的内容。下面就来认识几则统计冲击型的标题，单一数字型标题如图 3-10 所示，多数字对比型标题如图 3-11 所示。

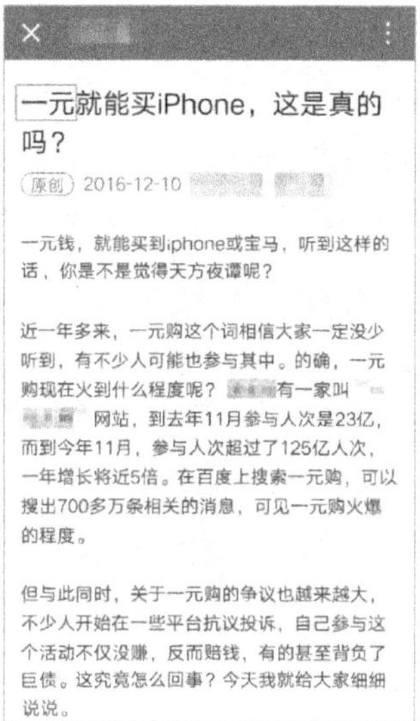

（1）

（2）

▲图 3-10 单一数字型的标题

解析

图 3-10 所示的是单一数字型标题。这一类标题往往包含一个极其大或极其小的数字。根据不同的文章内容在标题里运用一个极其大或者极其小的数字，可以起到令人惊讶的效果。

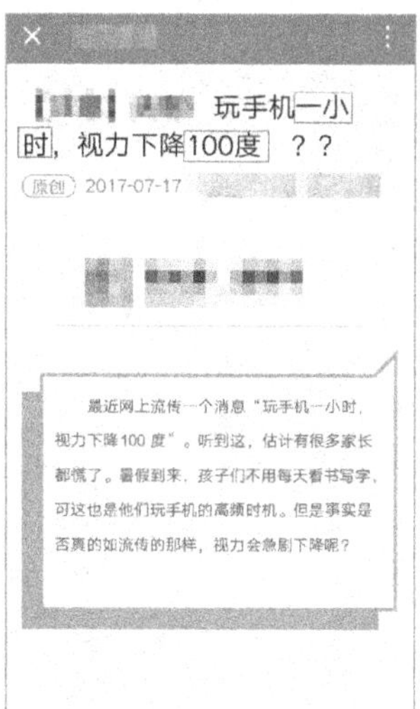

▲图 3-11 多数字对比型的标题

解析

图 3-11 所示的是多数字对比型标题。这种标题往往采用一大一小的数字作对比的方式，一大一小的强烈对比和巨大差异会给人造成一种视觉上的冲击和震撼。数字往往使人敏感，人们想通过这些差异巨大的数字得到隐藏在数字背后的信息，当读者看到这样一大一小的数字对比的文案标题时，也更想点开文章内容去一探究竟。

026 一本正经：呈现基本要素

一本正经式标题一般都是比较正规、严肃的。这类标题的形式和要素如图 3-12 所示。

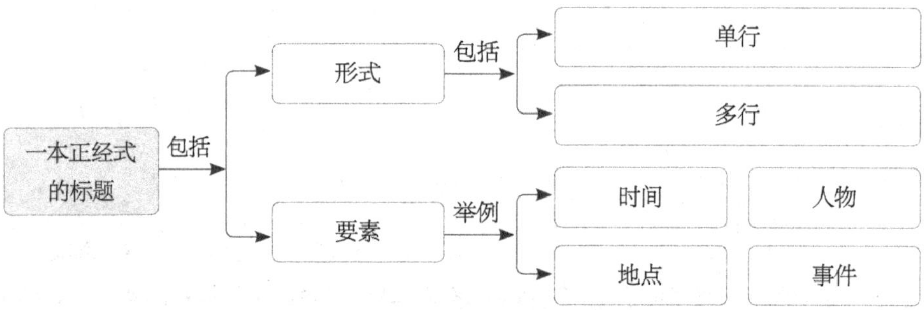

▲图 3-12 一本正经式标题的形式和要素展示

一本正经式标题具备新闻标题的特点，有一定的权威性，所以经常出现在企业新闻类的网站或行业新闻栏目中，如图 3-13 所示。

▲图 3-13 一本正经式标题

解析

图 3-13 所示的这个文章标题属于一本正经式的软文标题。

标题中包含以下元素：

- ◆ 时间：近 20 年；
- ◆ 地点：某省；
- ◆ 人物：无；
- ◆ 事件：房地产开发投资增速达 20 年 × 低点。

这个标题单纯地点出了时间、地点、事件等基本要素。

027 “十大”：扩大影响力范围

所谓“十大”型标题，就是指在新媒体文章的标题中加入了“十大”之类的词语，例如《暑假十大旅游热门城市》《2016 年十大好书推荐》《全世界十大热门旅游景点》《十大电影中的黑科技》《气质女人的十大穿衣哲学》等。这类标题的主要特点如图 3-14 所示。

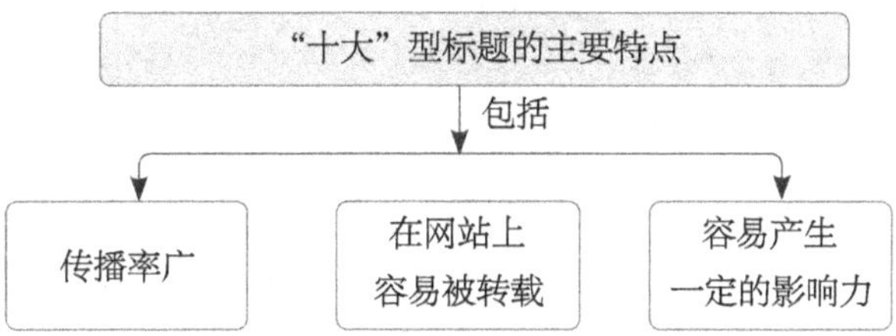

▲图 3-14 “十大”型标题的主要特点

下面来看一下“十大”型标题的案例，如图 3-15 所示。

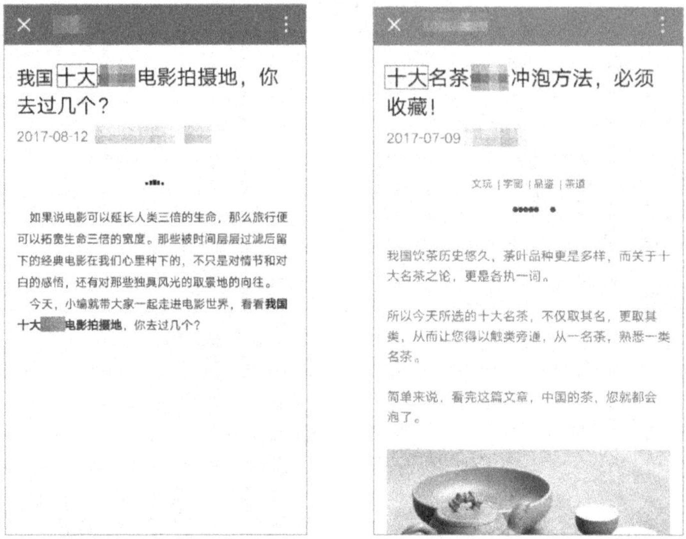

（1）　　　　（2）

▲图 3-15 “十大”型标题

解析

图 3-15 所示的是“十大”型标题案例。带数字的标题首先给人的感觉是简单明了，会让读者觉得很轻松，不那么复杂。

此外，“十大”一词代表的是选择和优化之后的结果，是经作者筛选之后留下的精华部分，免去了读者自己筛选这一复杂过程。这一类标题通常能带给读者更好的阅读体验。

028 比对突显：突出产品优点

比对突显型标题是通过与同类产品进行对比，从而突出自己产品的优势，加深读者对产品的认识和理解的标题类型。

比对突显型标题有一部分仅仅是同类产品的一个大盘点，各类产品的优缺点都有所展示，不刻意突出某一产品的功能，不带功利性质，如盘点同一类小吃在不同地区所呈现的味道、盘点某地的景区、盘点中国历史上的勇猛武将、盘点某小说中的原型人物等，如图 3-16 所示。

还有一部分是带有功利性质的同类产品对比，即将不同品牌的产品拿出来做对比，突出某一品牌产品的优点或是突出自身产品的特点。

例如，不同品牌在同一时期发布的两款手机的性能对比，或者是不同品牌价格相差无几的空调的节能对比，以突出某产品，如图 3-17 所示。

（1） （2）

▲图 3-16 盘点式比对突显型标题

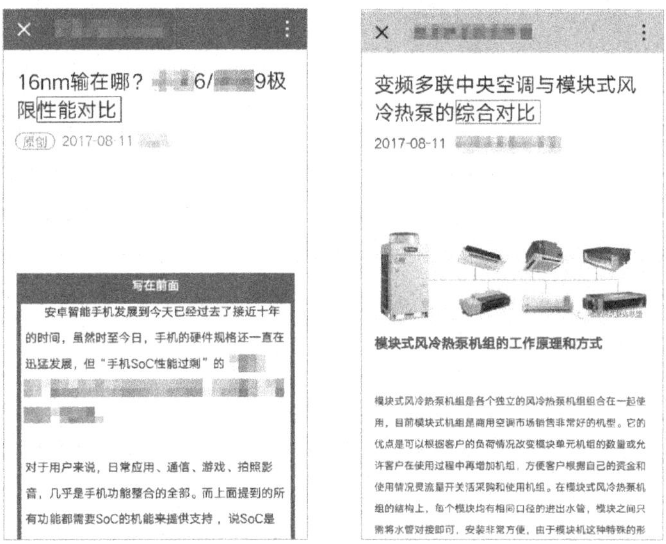

（1） （2）

▲图 3-17 不同品牌的比对突显型标题

解析

比对突显式标题加入悬念式标题的手法更能突显标题的特色，也更能吸引消费者的注意。这样的软文既用了对比手法又有悬念，如《不比不知道一比吓一跳，原来在三线城市上班也有这么多好处》等。

029 专业：获得更高追随度

专业型标题是指在标题中嵌入某个方面的专业性词语，让文章看起来更加专业，如图 3-18 所示。

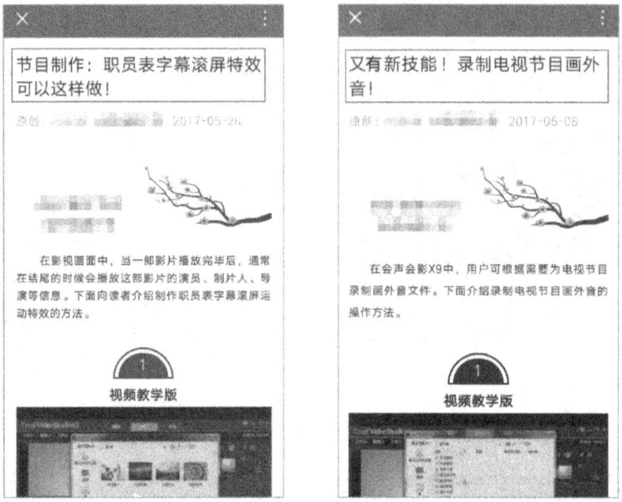

（1）　　　　（2）

▲图 3-18 专业型标题

解析

图 3-18 所示的就属于专业型的爆款软文标题案例。这两则标题都是视频制作领域的专业知识解读，如“字幕滚屏特效”“画外音”等。由标题可知，新媒体文案的作者是想要介绍一些利用视频编辑软件制作视频的方法。从事视频制作工作或对视频制作感兴趣的人士大多会被这两则标题吸引。这样的标题打造出来的爆款文案还是有一定市场和关注度的。

专业型标题能够吸引那些对专业名词感兴趣的读者，从而达到精准吸引粉丝的目的。这样得来的读者群更有价值，其粉丝追随度也会比其他类型标题的追随度更高。

但是这种专业型的标题相对于其他类型的标题来说，其关注度会偏低一点，因为其专业性使得受众范围有限。但是这对新媒体账号的运营者来说并不是一件坏事——宁缺毋滥就是对这种现象最好的解释。

一些特定领域的知名企业和平台可以多利用一些专业型标题打造爆款软文，因为基于其自身的巨大流量，如果再辅以专业性的新媒体文章，能在很大程度上进一步提升其形象和增加关注度，还能促进人们对专业知识的了解。

第4章

心理式：8种需求，你是否切入

学前提示 >>>

想让文案的标题吸引人，就要知道读者想的是什么，只有抓住读者的心理才能提高文章的阅读量。

本章将从读者的阅读心理出发，重点介绍8种基于心理需求来打造新媒体爆款标题的方法。

要点展示 >>>

- 满足读者的猎奇心理
- 满足读者的学习心理
- 满足读者的感动心理
- 满足读者的消遣心理
- 满足读者的求抚慰心理
- 满足读者的怀旧心理
- 满足读者的“私心”
- 满足读者的“窥探”心理

030 满足读者的猎奇心理

大部分人对未知事物都有好奇心，对那些有刺激性的事物会有一种想要去探索、了解的欲望。因此，新媒体文章作者在写文章标题时就可以抓住读者的好奇心和探索欲，将标题写得充满神秘感，满足读者的猎奇心理，以获得更多读者的阅读、分享与转发。

相关案例如图 4-1 所示。

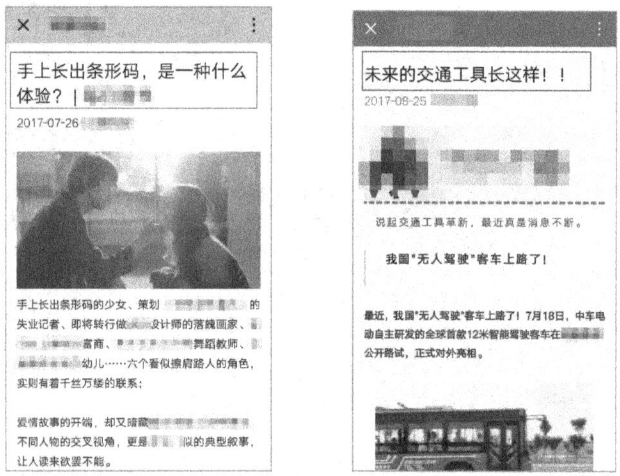

（1）　　（2）

▲图 4-1 猎奇型文案标题

解析

图 4-1 所示的是满足读者猎奇心理的新媒体文案标题案例。在这些案例中，比较常见的固定句型就是“这样的……”“……是什么体验？”等，文案标题常常设下悬念，引起读者的注意和兴趣；或者文案标题中出现的东西都是读者在日常生活中没见过、没听说过的新奇事物，这会使读者在看到文案的标题之后，想要去查看文章的内容。

像这样具有猎奇性标题的文章本身并不一定很稀奇，但这种具有一定新奇性的标题，能让读者产生想要查看全文仔细了解的欲望。

031 满足读者的学习心理

有部分读者在浏览网页和手机上的各种文章时，是以学习有价值的内容、扩充自己的知识面、增加自己的技能等为目的的。因此，新媒体文章作者可以让自己编写的标题给读者一种能够满足其学习需求的感觉。

能满足读者学习需求的文章标题可以直接看出文章中所蕴藏的价值，如图 4-2 所示。

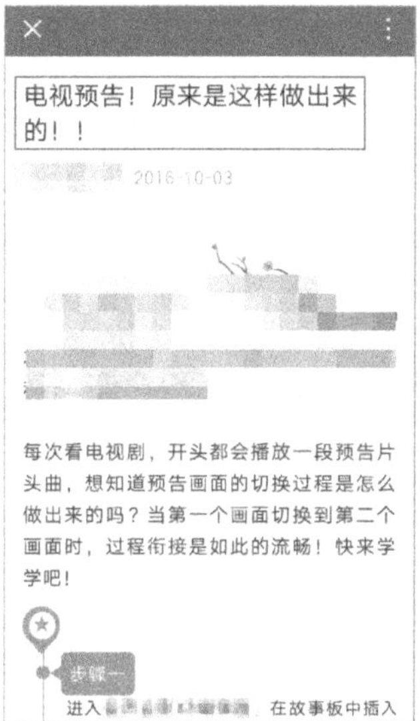

电视预告！原来是这样做出来的！！

2016-10-03

每次看电视剧，开头都会播放一段预告片头曲，想知道预告画面的切换过程是怎么做出来的吗？当第一个画面切换到第二个画面时，过程衔接是如此的流畅！快来学学吧！

（1）

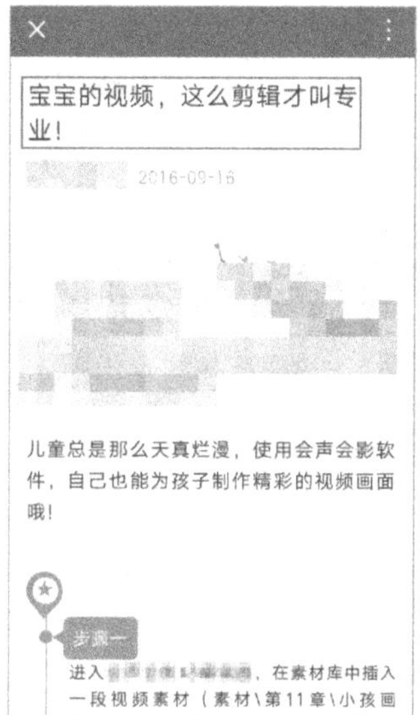

宝宝的视频，这么剪辑才叫专业！

2016-09-16

儿童总是那么天真烂漫，使用会声会影软件，自己也能为孩子制作精彩的视频画面哦！

步骤一

（2）

营养师推荐营养均衡、食物多样，到底该怎么做？

原创 2017-08-26 10:38

随着人们对健康越来越重视，怎么吃更营养、更健康成为大家关心的问题。而营养师通常都会告诉你：最基本的原则是要注意饮食均衡、食物多样化。那么，究竟怎么样才是食物多样化呢？怎么样才能做到饮食均衡呢？

今天我们一起聊聊。

怎么样才叫食物多样化？

（3）

▲图 4-2 学习型文案标题

解析

图 4-2 是在新媒体文案的标题撰写当中注重把握读者学习心理的案例。通过这些案例可以很清楚地看出，学习型文案标题呈现出来的就是一些知识和技巧，供读者学习。

读者平时在阅读文章时往往想有所收获。这样一来，当读者在看到这类文案标题的时候，就会抱着“能够学到一定的知识或技巧”的心态来点击查看相应文章。

032 满足读者的感动心理

大部分人都是感性的，容易被情感左右。这种感性不仅体现在真实的生活中，还体现在人们看文章的过程中。这也是很多人在看到有趣的文章会捧腹大笑、看到感人的文章会心生怜悯甚至不由自主落泪的原因。

在新媒体文案的标题写作上，若想激发读者的“感动”心理，则要精心选择那些容易打动读者的话题或内容并将其体现在标题中。图 4-3 所示的是能满足读者感动心理需求的标题。

（1）　　　　（2）

▲图 4-3 满足读者感动心理需求的文案标题

> **解析**
>
> 图 4-3 所示的是满足读者感动心理需求的新媒体文案标题案例。通过这些案例可以看出，能够感动读者、激起读者情感共鸣的文章大多是一些有关人生指导或心灵疏导类的文章。读者从这类标题上就能看出，这类文章会为其带来精神鼓励或共鸣。
>
> 一篇文案的标题如果能从人的内心情感出发，就很容易调动读者的情绪，从而激发读者阅读文章内容的欲望。

033 满足读者的消遣心理

还有一部分读者会以消磨闲暇时光和给自己找点娱乐为目的点开各种各样的文章。那些以传播搞笑、幽默内容为目的的文章，如冷笑话、幽默与笑话集锦等比较容易满足此类读者的消遣心理需求。这一类文章的标题带给读者的感觉是比较轻松、愉快的，如图 4-4 所示。

（1）　　（2）

▲图 4-4 满足读者消遣心理需求的文案标题

解析

图4-4所示的是新媒体文案标题能够满足读者消遣心理需求的案例。这类文案标题大多是与生活娱乐和搞笑相关的。人们在繁忙的工作或是琐碎的生活当中，需要找到一点能够放松和调节自己情绪的东西，这时候，消遣类的标题就派上用场了。

这类新媒体文案的标题要让人感到轻松，具有趣味性和幽默性，有一定的搞笑或者轻松娱乐的成分。只有这样，相应的文案标题才会让读者身心愉悦。

例如，上述两个例子，就是在标题中以一则笑话的形式引起读者关注的。

034 满足读者的求抚慰心理

在当今社会，大部分人都在为了自己的生活而努力奋斗，在生活、工作中遇见的糟心事很多，更无处诉说。渐渐地，很多人养成了从文字中寻求抚慰的习惯。

现在很多阅读量高的情感类文章就是抓住了读者的这一心理。读者想在文章中寻求心灵抚慰，从而更好地投入到生活、学习和工作中。当读者看见那些传递温暖、含有关怀意蕴的文章时，自身也会产生一种温暖和被关怀的感觉。

因此，这类新媒体文案的标题可以多用一些能够温暖人心、给人关注与关怀的词语，以满足读者的抚慰需求。

能够满足读者心理抚慰需求的标题，要真正传递发自肺腑的情感，相应的文章内容也应充满关怀。

图4-5所示的几篇文章标题就是典型的能满足读者寻求心理抚慰需求的标题，这类标题给人的感觉像是一位老朋友，暖人心。

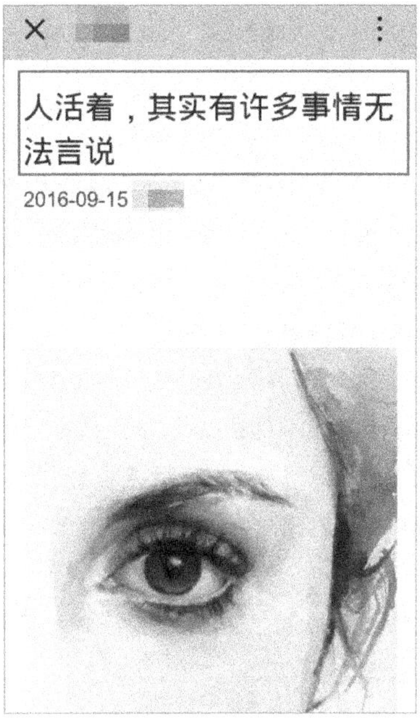

（1）

（2）

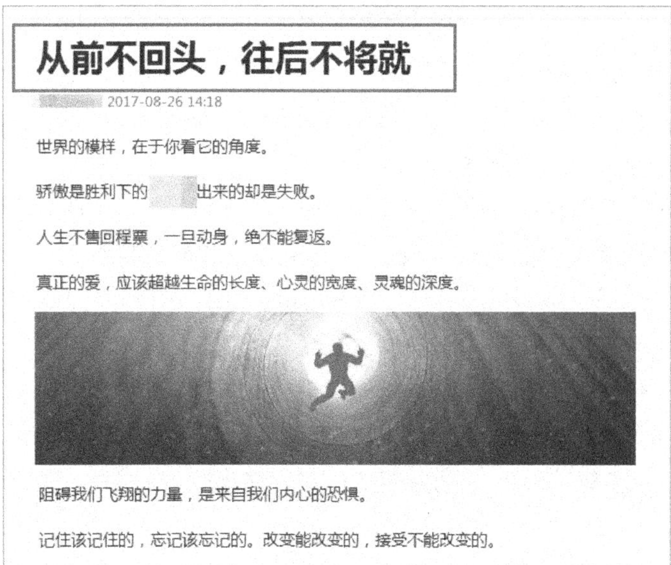

（3）

▲图 4-5 满足读者寻求心理抚慰需求的文案标题

解析

图 4-5 所示的是能够让读者得到抚慰的文案标题案例。这些案例所体现出来的都是对读者的心灵安抚或人生方面的指引。

《人活着，其实有许多事情无法言说》这一文案标题所体现出来的就是人生当中遇到的很多事情只能自己独自承受，而无法与别人说，或者是无人倾听。“有些事就是说出来‘矫情’，吞下肚去又刮嗓子”，这句话就是对现代很多人内心心理的最好诠释。而这篇文案的标题就体现出了这篇文章的内容，讲的就是很多人都会遭遇的那些问题，很多读者都能够从中得到心灵上的慰藉。

《幸福不是得你所想，而是想你所得》这篇文章的标题就是对那些在追寻幸福的道路上总是碰壁的读者说的。追求幸福是很多人都在做的事情，但不是所有人都清楚幸福到底是什么，在大部分情况下他们都在追问“幸福是什么？”“为什么我没有幸福？”之类的问题。这篇文章的标题所针对的就是有这方面问题的读者，所以也会被有这样问题的读者所关注。

《从前不回头，往后不将就》这一文案标题则是对人生态度的一种阐释和表达。读者能在这样的文章中找到一定的人生态度。

035 满足读者的怀旧心理

随着“80 后”“90 后”逐渐成为社会栋梁，这一批人也开始产生怀旧情绪：看见童年时的一个玩具娃娃、小时候吃过的食品都会忍不住感叹一下，发出“仿佛看到了自己的过去”的感慨。

人们的怀旧是有原因的：小时候无忧无虑、天真快乐，而长大之后就会面临各种各样的问题和许多复杂的事。每当人们遇到一些糟心的事情时，就会想起小时候的简单纯粹。人们喜欢怀旧还有另外一个原因，那就是时光。所谓“时光一去不复返”，对那些已经过去了的时光，人们都显得格外地怀念，所以也就开始怀旧了。

人们的怀旧情结导致了“怀旧风”的来袭。许多新媒体文案的作者也看到了这种“趋势”。对于那些追忆过往的文章，人们会禁不住想要点开看一眼。这类新媒体文案的作者可以写一些能引起人们追忆往昔情怀的标题，以满足读者怀旧的心理需求。

能满足读者怀旧心理需求的文章标题，在文字上大多会有一些代表年代记忆的字眼，如图 4-6 所示。

（1）

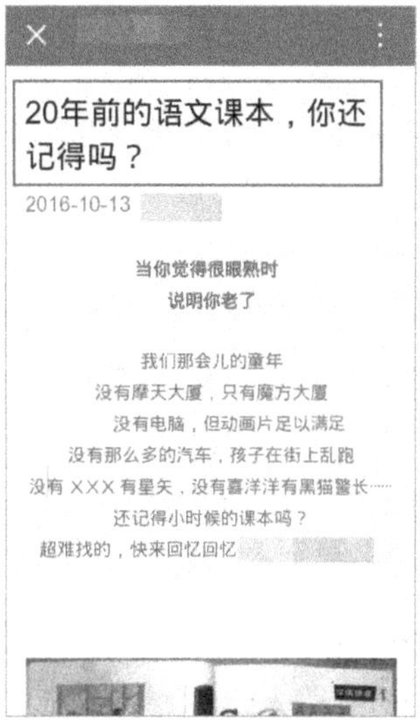

（2）

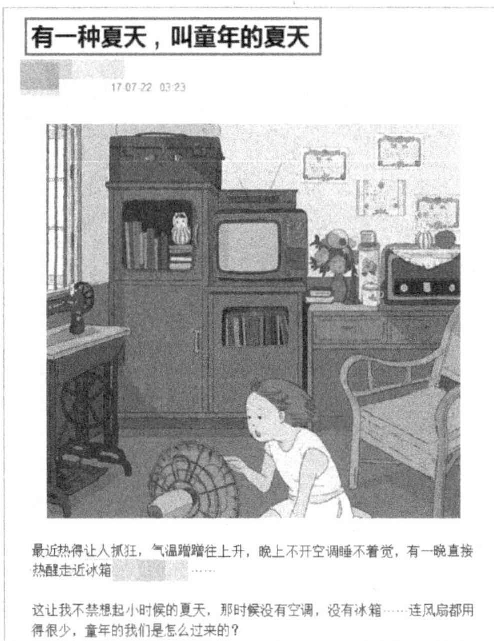

（3）

▲图 4-6 满足读者怀旧心理需求的文案标题

解析

图 4-6 所示的是能满足读者怀旧心理的文案标题案例。这些文案标题都使用过去的事或物来引发读者产生对“过去的回忆”。

036 满足读者的“私心”

人们总是会对与自己有关的事情上心，对关系到自己利益的消息也会多加注意。这是人类很正常的一种行为，是“私心”的表现。文章标题满足读者的“私心”需求，其实就是指满足读者关注与自己相关事情的行为心理。

新媒体文案的作者在写文章标题时就可以抓住读者的这一需求，将文章标题打造成这种类型，以引起读者的关注。

需要注意的是，如果一篇文章用了这样的标题，文章的内容就要真正与读者的实际利益有关，不能没有实际价值。

如果每次借用满足读者的“私心”需求来引起读者的兴趣，但实际上却没有满足读者的这种需求，那么渐渐地读者就会对这类文章标题产生免疫力，在看见这类标题时就会下意识地认为文章的内容没有什么用。久而久之，还会引起读者的反感，甚至使读者直接取消关注新媒体账号。

图 4-7 所示的文章标题就是能满足读者“私心”需求的标题，它能引起读者的兴趣，从而使读者点开文章阅读。

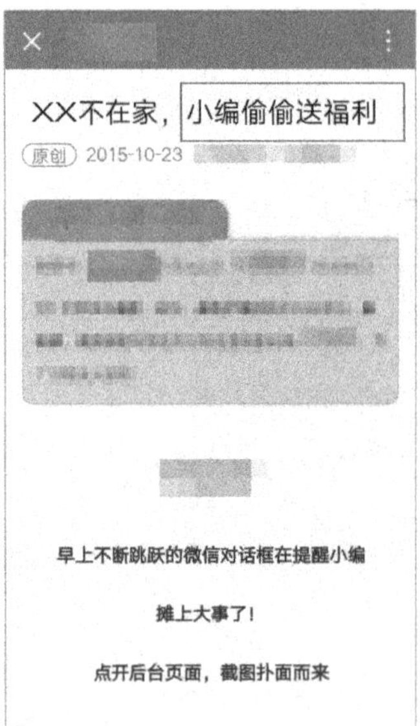

（1）

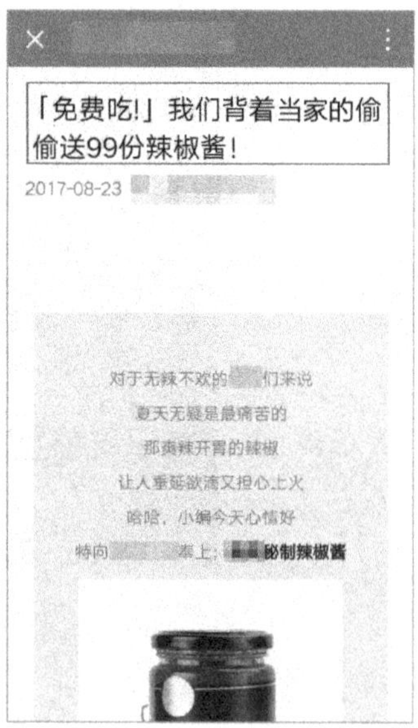

（2）

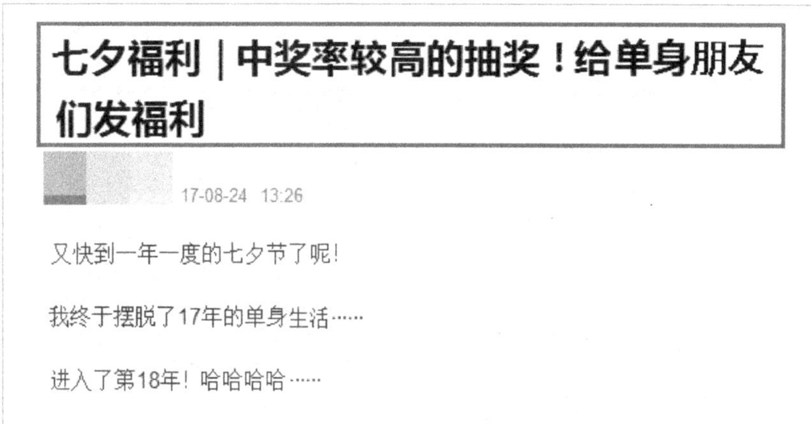
七夕福利｜中奖率较高的抽奖！给单身朋友们发福利

17-08-24 13:26

又快到一年一度的七夕节了呢！

我终于摆脱了17年的单身生活……

进入了第18年！哈哈哈哈……

（3）

▲图 4-7 满足读者“私心”需求的文案标题

解析

图 4-7 所示的是能满足读者的“私心”需求的文案标题案例。这些标题内容涉及读者自身利益，读者自然会很在意，例如某某有奖品可以免费领——可以免费获得奖品一般都能引起读者的关注。这也告诉作者，新媒体文案的标题要抓住读者的“私心”，将读者的目光吸引过来。

037 满足读者的“窥探”心理

人们有时候很矛盾：不想让自己的秘密、隐私被人知晓，但是又会有窥探他人或其他事物秘密的欲望。

因此，新媒体文案的作者在编写文案标题时，可以适当地利用人们这种窥探秘密的心理，写出能够满足读者的“窥探”心理需求的标题，从而吸引读者点开文章阅读。

能够满足读者“窥探”心理的新媒体文案标题，通常都会让人产生联想，继而引导读者去阅读文章内容，以便查探真相。满足读者“窥探”心理需求的文案标题如图 4-8 所示。

（1）

（2）

（3）

▲图 4-8 满足读者“窥探”心理需求的文案标题

解析

图 4-8 所示的是能满足读者“窥探”心理需求的文案标题案例。人大多有窥探别人隐私的想法，而这些案例就很好地抓住了读者的这一心理。无论是《没想到画室老师原来是这样的人！》《舞台上像个王子的他，没想到私底下是这样的》，还是《国外玩家如何分析比赛？他的日常你想象不到》，都是在对人们所关注的人的另一面进行挖掘，将那些人不为人知的“真相”挖掘出来并展示在大众的视野之中。

新媒体文案的标题若能适当抓住读者的“窥探”心理，则能够大大增加文章的阅读量。

第 5 章

热词型：充分利用 19 个极具吸引力的词汇

学前提示 >>>

在标题里加入一些特定的关键词，会把读者的注意力牢牢锁住。

本章将从标题关键词切入的思路出发，重点介绍利用关键热词打造新媒体爆款标题的方法。

要点展示 >>>

- “免费”
- “惊人的”
- “注意”和“请看”
- “通知”和“刚刚发布”
- “终于”和“最后”
- “现在”和“从今天开始”
- “提出”和“引进”
- “这种”“这些”和“这里有”
- “怎样”和“哪一个”
- “你是否”和“你能否”

038 “免费”

“免费”一词在新媒体文案标题的打造中起着不可忽视的作用：在标题中适当且准确地加入“免费”一词，可以很好地吸引读者，如图 5-1 所示。

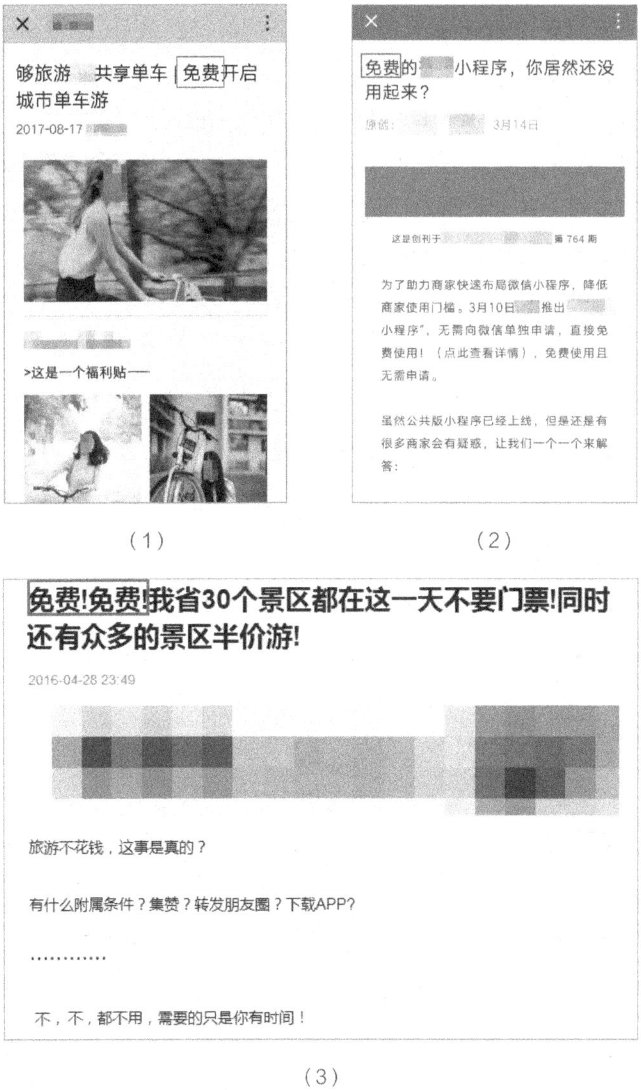

▲图 5-1 “免费”一词在新媒体文案标题中的应用

“免费”一词出现在新媒体文案标题中可能只是一个噱头，目的就是吸引读者的注意。

在商业营销里，“免费”一词也有着十分广泛的应用，但它在“商业战场”上有一个特定的专业名词——“免费式营销”。新媒体文案的标题之中加入“免费”一词实质上也是一种“免费式营销”。

“免费式营销”是一种基于消费者心理而提出的市场营销策略。相对于“花钱”来说，消费者更喜欢“免费的”。“免费式营销”理念也正是抓住了消费者的这一心理来“对症下药”的。

“免费式营销”并不是真正的免费，其实质是小投入大回报的“钓鱼营销”理念。它的操作方式就像人们在日常生活中钓鱼一样，操作者只需要在钓鱼时付出一点点鱼饵，便能收获一条或几条鱼的回报，而且这一方法还可以被无限循环使用。也就是说，“免费式营销”的最终目的就是让消费者持续购买。现在市场中常用的购物券就是一种“免费式营销”手段，如图 5-2 所示。

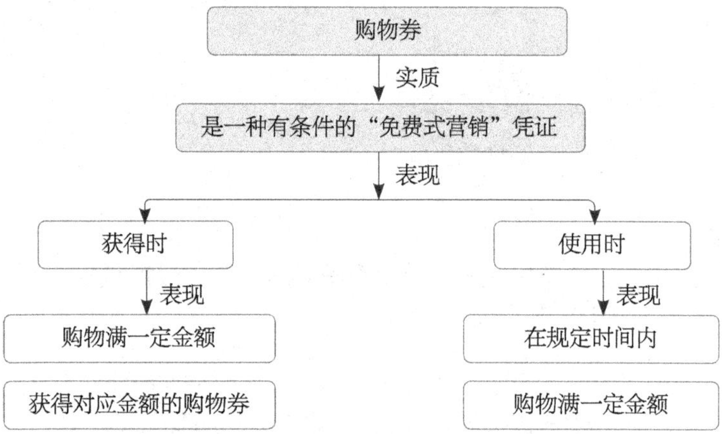

▲图 5-2 购物券的获得与使用

那么，“免费式营销”又是如何在市场营销这片红海之中独树一帜的呢？

现代商业战场的竞争十分激烈，要想在商业战场上获得较多的消费者，就不能仅仅想着商家自己了，还要从可持续性上下功夫。换而言之，就是要提高消费者的购买率。“免费式营销”就很好地做到了这一点，它的实际操作方法十分简单，如图 5-3 所示。

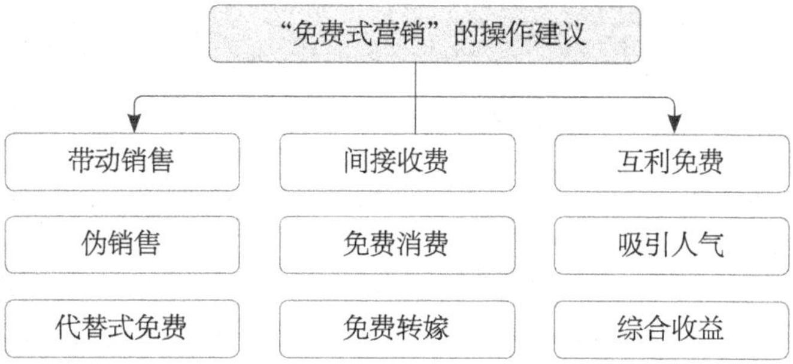

▲图 5-3 “免费式营销”的实际应用和操作

039 “惊人的”

“惊人的”一词有令人震惊、大吃一惊、令人意想不到等意思，在新媒体文案的写作中加入该词，会让读者对“到底是什么让人感到惊讶”产生兴趣和疑惑。人往往都有好奇心，在面对令人震惊或意想不到的文章标题时，就会点击查看文章内容，相关案例如图 5-4 所示。

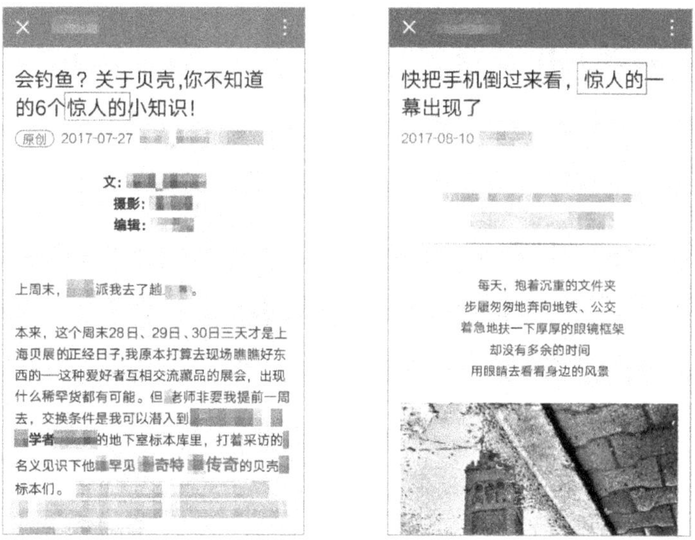

（1）　　（2）

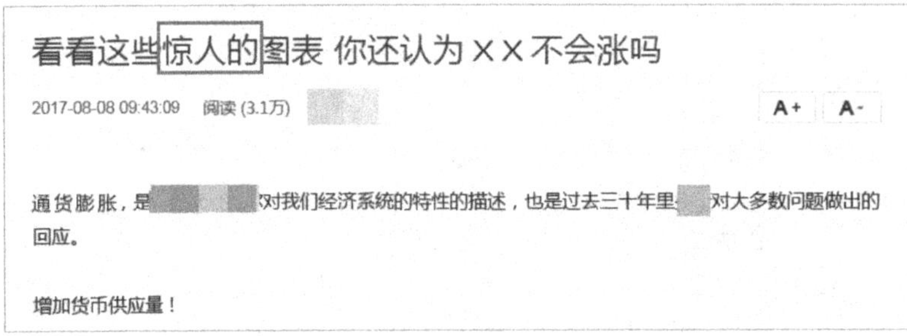

看看这些惊人的图表 你还认为 XX 不会涨吗

2017-08-08 09:43:09 阅读 (3.1万)

A+ A-

通货膨胀，是对我们经济系统的特性的描述，也是过去三十年里对大多数问题做出的回应。

增加货币供应量！

（3）

▲图 5-4 加入“惊人的”一词的文案标题

解析

图 5－4 所示的是带有“惊人的”一词的文案标题。这类文案标题大多传达了令人意想不到的意思，也制造了一定的悬念。看到这类标题时，读者会下意识地点进文章去看令人惊讶的到底是什么。与之类似的还有“震惊”一词，例如“震惊，北方人居然比南方人怕冷！”，再如“震惊，微信居然还有这样神奇的功能？”等，这些都是通过利用夸张的语气来引起读者关注的。

040 “注意”和“请看”

“注意”和“请看”两个词在文案标题中都能引起读者的注意。

“注意”属于心理学上所讲的“认知过程”中的一部分。该词带有一定的警示性，例如“注意脚下”“注意，有车”等，都会使人在看到这一词语时产生一定的条件反射。当该词用于新媒体文案的标题中时，也能在视觉上警示读者，引发读者的条件反射，从而吸引读者点击文章进行阅读，如图 5-5 所示。

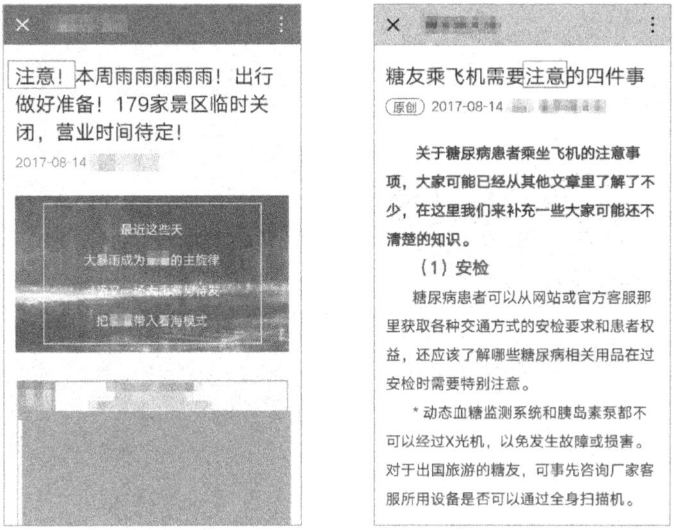

（1） （2）

▲图 5-5 加入“注意”一词的文案标题

解析

图 5-5 所示的是在新媒体文案的标题中加入了“注意”一词的案例。其实在新媒体文案标题的写作中，“注意”一词的放置位置不尽相同，一种是将“注意”放在标题最前面并加上感叹号，另一种是将其放在标题的中间或是后面。大部分情况下，将“注意”一词放在标题最前面更能吸引读者的视线，刺激读者的视觉感官，促使读者阅读。

在新媒体文案标题中与“请看”一词有关的有“请看过来”“请你看”，或者直接就是“注意了，这里的消息你一定不能错过”等，有点类似叫卖式的标题写法。标题意思十分简单直接，就是让读者看这篇文章。新媒体文案的标题运用“请看”一词，能更好地引导读者阅读文章，起到一个领路人的作用。这类标题的写作方式一般是先抛出一个人们感兴趣的话题，然后再加上“请看”一词来引导读者，进而达到引导读者阅读文章的目的，如图 5-6 所示。

（1）

（2）

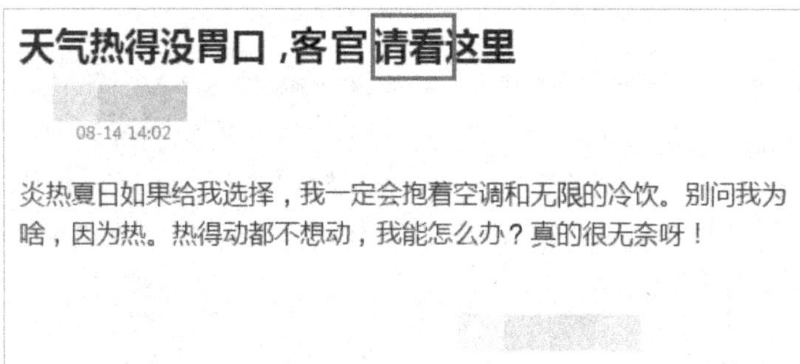

（3）

▲图5-6 加入“请看”一词的文案标题

解析

图5-6所示的是文案标题里带有“请看”一词的案例。“请看”一词带有一定的礼貌含义，将其放入文案标题里既直接简单，又不会引起读者的反感和排斥。对该词的合理运用会让标题的指向性更加明确。例如，一篇名为《夏季赏花去哪里？请看这里》的文案，其指向性就十分清楚，就是让看到这个标题的读者或是有意向夏季去赏花的读者点击文章查看。

041 “通知”和“刚刚发布”

“通知”和“刚刚发布”都代表消息的公布，给人的感觉较为正式。

“通知”是一种公文形式，用来发布规章制度，转达上下级之间的相关事项，比较正式，也包含了特定的通知对象。将“通知”一词运用到新媒体文案的标题写作中，使所写的文案内容在无形之中也有了“通知”这一文种的某些特性，给读者的感觉较为正式，也使文章有了特定的受众。

一般来说，当读者看到带有“通知”一词的文章标题时会觉得文章比较正式和严肃，也会下意识地把自己代入，认为自己就是文章标题里被“通知”的对象。这样，读者自然也就更愿意去看文章到底写了什么内容，相关案例如图 5-7 所示。

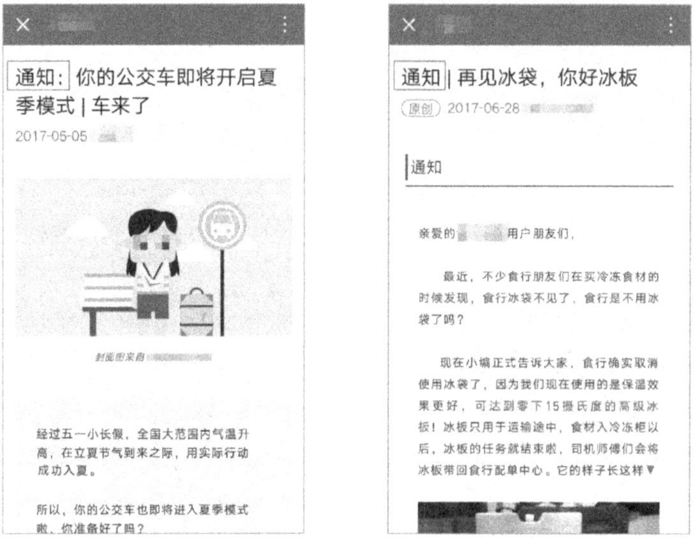

（1） （2）

▲图 5-7 加入“通知”一词的文案标题

解析

图 5-7 所示的是将“通知”一词加入文案标题的案例。其实不难看出，带有“通知”一词的新媒体文案标题所展示的内容并没有正式通知的那样严肃，相反，用“通知”这一正经严肃的公文写作形式写一些轻松活泼的内容，会产生一种奇妙的反差效果，让读者的阅读感受更加舒适。如果文章内容较为正式，用这种方式也能更好地传达文案作者的思想。

“刚刚发布”一词代表了消息具有很强的时效性。一则消息或是一篇文章的标题当中含有“刚刚发布”一词，也就表示了这则消息或文章是与以往不同的、刚出炉的“热乎”的消息。人们往往喜欢做最早知道事情变化的人，然后去分享给别人。这就是所谓的“存在感”。在新媒体文案的写作上，心理知识也有很好的借鉴效果和实际意义。图 5-8 所示的就是微信公众号的标题中带有“刚刚发布”一词的案例。

干货在这里：国内领先CTV监测指标刚刚发布

08-17

CTV监测指标刚刚发布

智能电视（Connected TV，简称：CTV）的普及已经让客厅营销重新回到了广大受众的生活，成为了近两年来媒体争相发力的必争之地。根据　　今年与　　共同发布的《四屏联动互联网调研报告》显示，用户在购买OTT电视之后，看电视2小时以上的用户相较之前有19.3%提升，通过OTT电视收看到广告的产品推荐和购买意愿相比其他单屏有15%的提升效果。

（1）

刚刚发布！　　下一代安全运营服务，为企业提供一体化安全保障

原创：　　昨天

专攻术业　成就所托

近日，　　发布面向企业的下一代安全运营服务——　　可管理的威胁检测与响应服务，为企业提供集安全威胁检测设备、安全威胁分析平台及安全专家服务于一体的安全运营服务。

　　MDR服务旨在**帮助企业通过威胁监控实**

（2）

▲图 5-8　微信公众号加入“刚刚发布”一词文案的标题

解析

图 5-8 所示的是在微信公众号的文案标题中加入“刚刚发布”一词。“刚刚发布”一词的应用范围很广，在标题之中加入“刚刚发布”一词不仅表示了文案内容是事物改变之后的信息，使读者产生新鲜感，并极大地满足读者找“存在感”的心理需求。

图 5-9 所示的是简书平台上的标题中带有“刚刚发布”一词的案例。

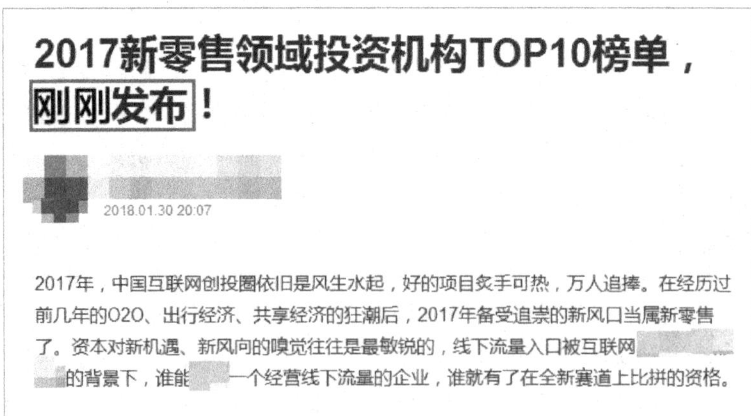

2017新零售领域投资机构TOP10榜单，刚刚发布！

2018.01.30 20:07

2017年，中国互联网创投圈依旧是风生水起，好的项目炙手可热，万人追捧。在经历过前几年的O2O、出行经济、共享经济的狂潮后，2017年备受追崇的新风口当属新零售了。资本对新机遇、新风向的嗅觉往往是最敏锐的，线下流量入口被互联网　　的背景下，谁能　　一个经营线下流量的企业，谁就有了在全新赛道上比拼的资格。

（1）

（2）

▲图 5-9 网络平台上加入“刚刚发布”一词的文案标题

解析

图 5-9 所示的是网络平台上加入了“刚刚发布”一词的文案标题案例。“全新发布”一词所涉及的大多是人们日常关注的内容，如产品发布或相关数据等。在文案标题之中加入“刚刚发布”一词能很好地调动读者的积极性，而且人在面对新鲜事物时都想第一时间了解，因此也更有点击文章阅读的想法和冲动。

042 “终于”和“最后”

“终于”和“最后”两个词从字面意思上来说都是表示最后发生的事情。放在新媒体文案的标题当中，也会有意想不到的效果。

在新媒体文案的标题中，恰当地加入“终于”这个词语，可以很好地表达出文案作者所要表达的思想：历经一个“艰辛历程”，最终“苦尽甘来”地给读者展示了这个结果。这类标题通常会点出经历的过程，而具体这个过程换来了一个什么样的结果，读者一般要点进文章之后才会得到答案，又或者是文案作者抛出一个结果，要读者去文章里面探究原因和过程，如图 5-10 所示。

（1）

（2）

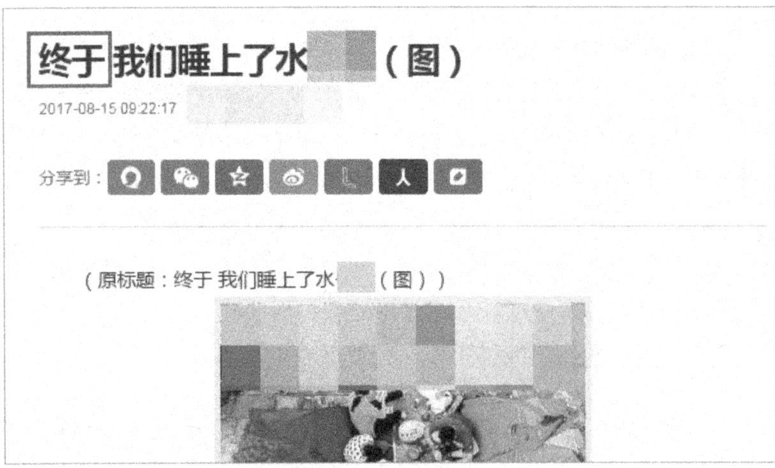

（3）

▲图 5-10 加入“终于”一词的文案标题

解析

图 5-10 所示的是新媒体文案标题中带有“终于”一词的案例。这里的“终于”一词也有翘首以盼的意思，如《恩爱了这么多年，这对情侣终于！终于！亲口承认了！》表示人们对一个结果盼望已久并最终得到了这一结果。这类标题的使用手法大多是先扬后抑或者先抑后扬，结果和过程总有一个会在标题中体现出来，藏一半露一半，引起读者阅读的兴趣。

“最后”一词在新媒体文案的标题当中有着警示和提醒的作用，当读者看到“最后”一词时会有一种“赶紧看完，否则就会‘没有了’”的感觉，如《这条古街最后的守护人》等，这些文案标题都给人一种时间上的紧迫感，如同过时不候，吸引读者赶紧阅读文章，如图 5-11 所示。

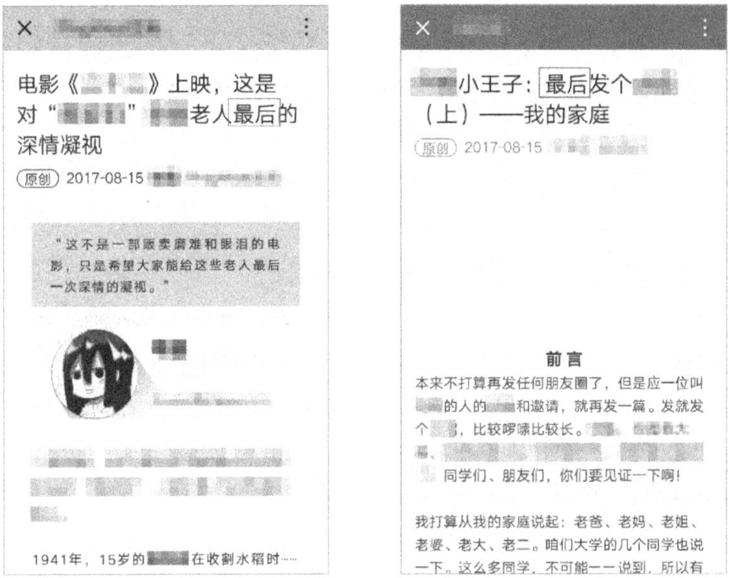

（1）　　　　　　　　（2）

▲图 5-11 加入“最后”一词的文案标题

解析

图 5-11 所示的是新媒体文案标题之中加入了“最后”一词的案例。在新媒体文案标题里加入“最后”一词不仅给人一种紧迫感，也能给人悬念，“最后”一词在标题中也能起到再次提醒的效果——“最后但也最重要”。

043 “现在”和“从今天开始”

在新媒体文案的标题当中，“现在”和“从今天开始”均代表一个时间节点。这类文案标题所讲的内容是在这个时间节点之后才发生的事情。

“现在”一词表示当下的这一刻，也可以指当下的一段时间。当这一词语出现在新媒体文案的标题当中时，就表示了文案所写的内容是贴近读者当前的生活时期的，而人们所关注的大多是自己身边或是这段时期内所发生的与自身息息相关的事情。当看见标题中有“现在”一词时，读者就会点开去看这段时间自己身边发生了哪些事情，相关案例如图 5-12 所示。

现在，我们该怎么教孩子见义勇为？

2017-08-13

（1）

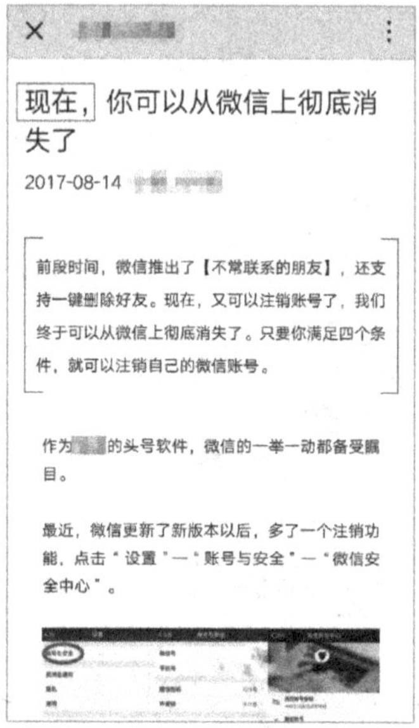

现在，你可以从微信上彻底消失了

2017-08-14

前段时间，微信推出了【不常联系的朋友】，还支持一键删除好友。现在，又可以注销账号了，我们终于可以从微信上彻底消失了。只要你满足四个条件，就可以注销自己的微信账号。

作为的头号软件，微信的一举一动都备受瞩目。

最近，微信更新了新版本以后，多了一个注销功能，点击“设置”—“账号与安全”—“微信安全中心”。

（2）

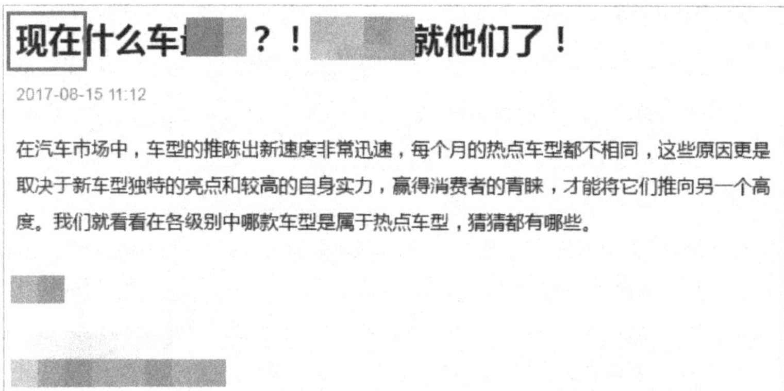

现在什么车？！就他们了！

2017-08-15 11:12

在汽车市场中，车型的推陈出新速度非常迅速，每个月的热点车型都不相同，这些原因更是取决于新车型独特的亮点和较高的自身实力，赢得消费者的青睐，才能将它们推向另一个高度。我们就看看在各级别中哪款车型是属于热点车型，猜猜都有哪些。

（3）

▲图 5-12 新媒体文案加入“现在”一词的文案标题

解析

图 5-12 所示的是在新媒体文案标题中加入了“现在”一词的案例。标题所表示的内容在有了“现在”一词后有了一定的时间限制，表示当下这段时期内所发生的事情，但又不像新闻稿那样严格限制时间。内容也大多贴近生活，人们也愿意去看和自己生活息息相关的东西。

“从今天开始”表示的是一个时间节点，表示以今天为界限，从今天到未来的很长一段时间。强调突出“今天”和“开始”，代表一个目标、项目等将在“今天”开始变化或行动，如图 5-13 所示。

（1）

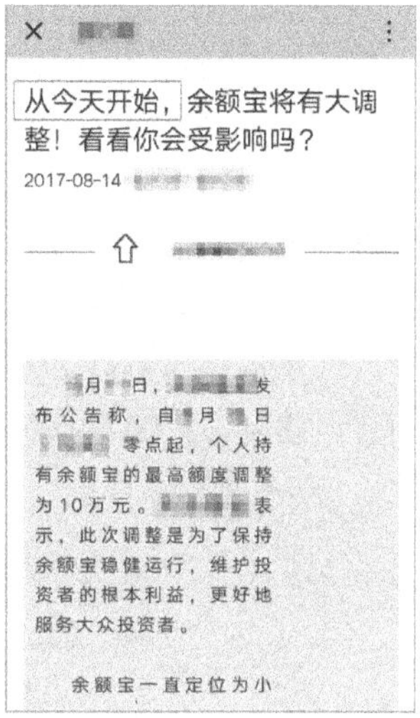

（2）

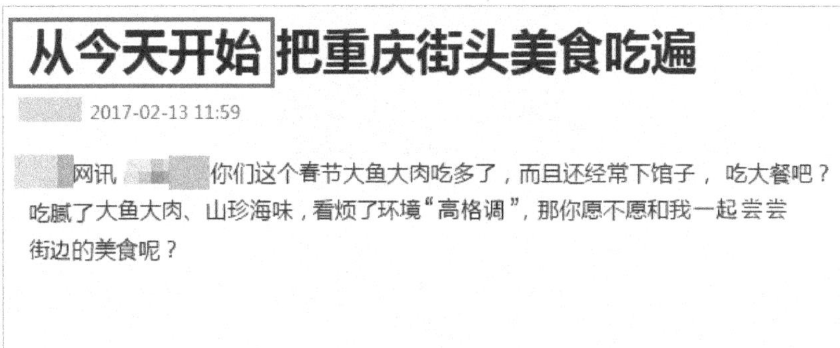

（3）

▲图 5-13 新媒体文案加入“从今天开始”一词的文案标题

解析

图 5-13 所示的是新媒体文案标题中加入了“从今天开始”的案例。“从今天开始”多应用在与人们生活相关的东西发生变动或调整的时候，以提醒人们注意。如《从今天开始把重庆街头美食吃遍》；又或是一个目标，以唤起人们心中与新媒体文案作者所写内容相同的情绪，如《从今天开始，逼自己每天进步一点点》等。这类标题能很好地唤起读者与标题所讲的事情产生共鸣，从而使读者进一步阅读文章。

044 “提出”和“引进”

“提出”和“引进”两个词都有表示战略策划的意思，例如提出某种思想、引进某种技术等。

“提出”一词的意思是揭示，说出事情建议，请别人考虑、采纳等。新媒体文案的标题中用“提出”一词则显得较为正式和严肃。所提出的内容也都是与科技、学术研究等方面相关的，较为严肃认真和严谨。人们对国家政策的调整或科学领域的某些重大发现是很感兴趣的，因为政策或是部分策略的调整关系到人们的日常生活，而对学术研究或科学上的某些重大发现，一部分人是出于好奇和未知而去了解和关注，而另一部分人是因为自身的喜好去阅读，如图 5-14 所示。

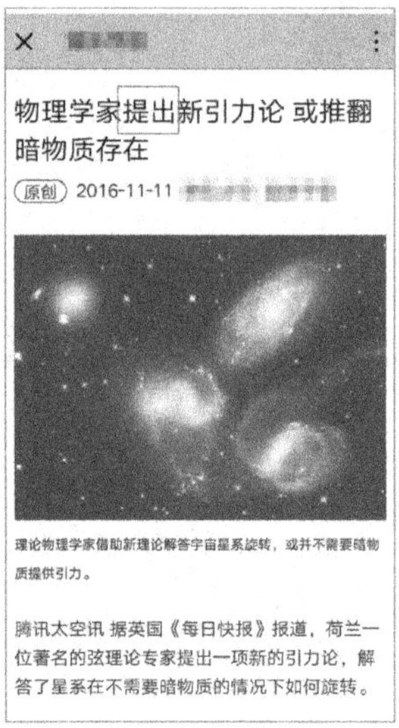
物理学家提出新引力论 或推翻暗物质存在

原创 2016-11-11

理论物理学家借助新理论解答宇宙星系旋转，或并不需要暗物质提供引力。

腾讯太空讯 据英国《每日快报》报道，荷兰一位著名的弦理论专家提出一项新的引力论，解答了星系在不需要暗物质的情况下如何旋转。

（1）

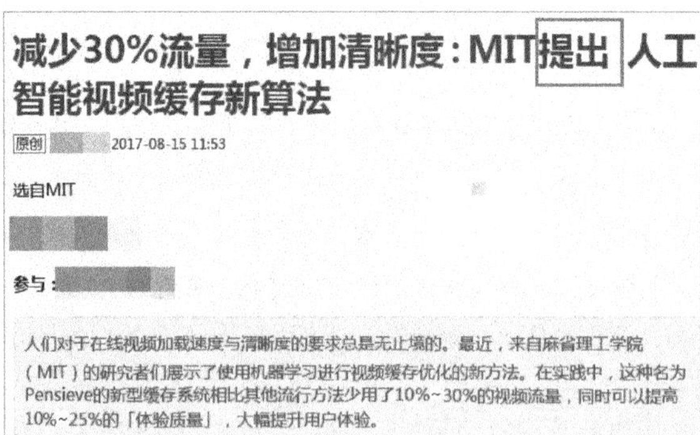
减少30%流量，增加清晰度：MIT提出人工智能视频缓存新算法

原创 2017-08-15 11:53

选自MIT

参与：

人们对于在线视频加载速度与清晰度的要求总是无止境的。最近，来自麻省理工学院（MIT）的研究者们展示了使用机器学习进行视频缓存优化的新方法。在实践中，这种名为Pensieve的新型缓存系统相比其他流行方法少用了10%~30%的视频流量，同时可以提高10%~25%的「体验质量」，大幅提升用户体验。

（2）

▲图 5-14 新媒体文案加入“提出”一词的文案标题

解析

图 5-14 所示的是在标题中加入了“提出”一词的文案案例。通过这些案例不难发现，“提出”一词在大部分情况下用于政策或学术方面的调整或重大发现。其实“提出”一词在新媒体文案标题上还有其他的应用，例如提出观点或看法、提出异议等。在一些情感性新媒体文案的标题中也可以使用“提出”一词，且并不局限于一种文种，要学会灵活运用。

“引进”一词最初的意思是“领人入内”，现在多指从国外引入一些新设备、新技术等。该词在新媒体文案标题中所起的作用也是巨大的，标题案例如图 5-15 所示。

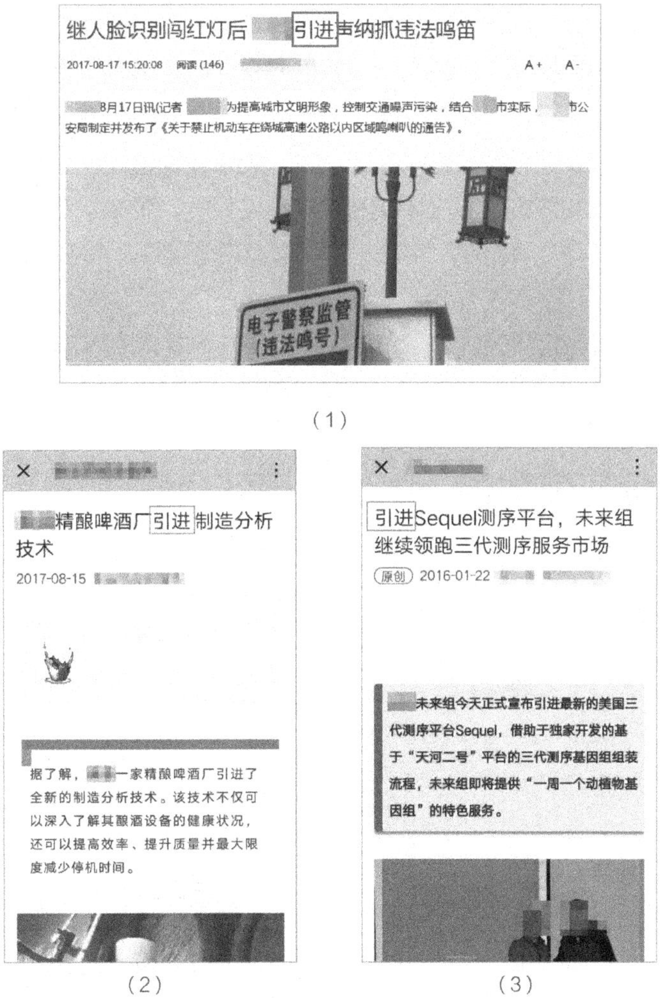

▲图 5-15 新媒体文案加入“引进”一词的文案标题

解析

图 5-15 所示的是新媒体文案标题当中加入了"引进"一词的案例。带有这一关键词的文案标题大部分情况下是指引进新的技术设备或资金。人们往往会对自己没见过或没听过的新鲜事物很感兴趣，刚好"引进"一词代表的就是新鲜事物的进入，也会大大提高读者的阅读兴趣。

045 "这种""这些"和"这里有"

"这种""这些"和"这里有"等词语都是指向性非常明确的关键词，若在新媒体文案标题当中运用得当，则能大幅提升文章的阅读量。

在撰写新媒体文案标题时，仅抛出一件事情或一句话有时是不够的，读者往往也需要引导和一些简单明了的指示。这时在文案标题中加入"这种""这些"等词语就显得十分有必要了。这两个词在标题中的应用原理也很简单。例如，有人告诉你某个地方正在发生一件很奇怪的事情，当你想知道到底是什么奇怪的事情时，他只跟你说在哪里发生的，却不将这件事情讲给你听，最终你还是会想去看看到底是什么奇怪的事情，而带有"这种""这些"的文案标题就是以这样的方式来吸引读者的。

"这种"一词表示的是单一型指向，"这些"一词则表示的是多向型（或同一类型的群体）。"这种""这些"两个词在新媒体文案标题当中的运用分别如图 5-16 和图 5-17 所示。

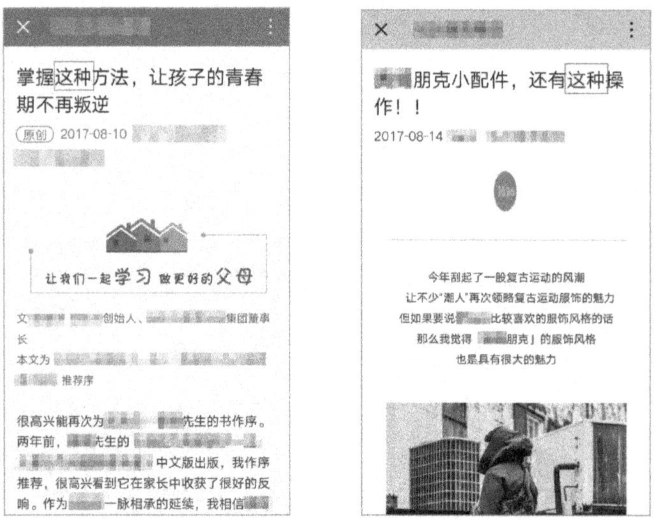

（1）　　　　（2）

▲图 5-16 加入"这种"一词的文案标题

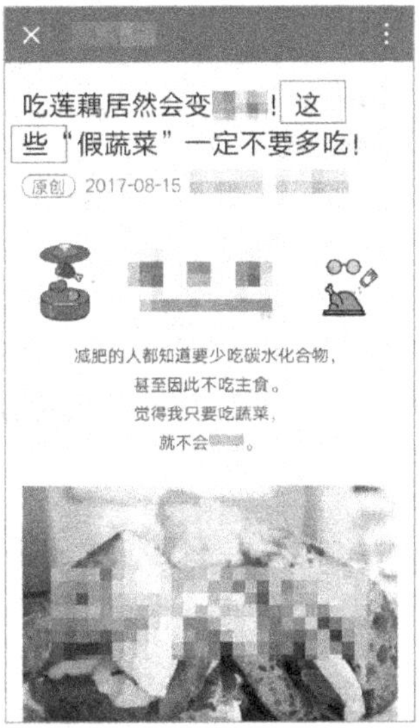

（1）

（2）

▲图 5-17 加入“这些”一词的文案标题

解析

图 5-16 和图 5-17 所示的是新媒体文案标题当中加入了“这种”“这些”的案例。这类标题旨在引导读者去阅读文章，像这种标题还有很多，例如《这种动物中国人每天都在吃却不知道它有危害》《去青海之前你必须知道这些》等。

在新媒体文案标题中加入“这里有”一词的目的性也很明确，就是在告诉读者这里有你想知道的内容，或是这里有你必须要知道的内容，从而让读者阅读文章内容。

这一类标题大多采用自问自答的形式，例如《如何提高自信？这里有妙招》《这里有的攻略你千万不能错过》等。这类标题写作无需太多技巧，只需知道读者想要的是什么就可以了，避免了其他形式标题写作中的弯弯绕绕，又不会出太大的差错，这类标题的案例如图 5-18 所示。

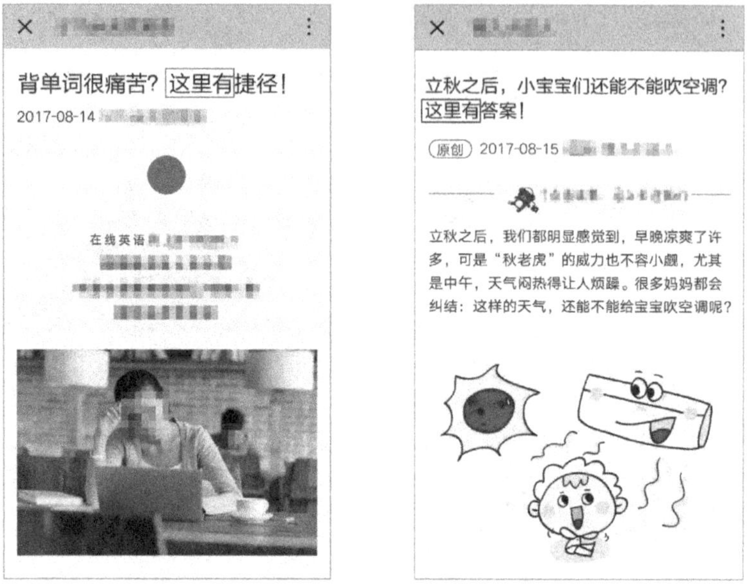

（1）　　（2）

▲图 5-18 加入“这里有”一词的文案标题

解析

图 5-18 所示的是在新媒体文案标题里加入了“这里有”一词的案例。这种类型的文案标题相对于其他标题形式要更简单、清楚、直接。读者在看到文案标题时就会对文案内容有一定的了解，进而对标题里所提到的信息点感兴趣，自然也就提高了文章的阅读量。

046 “怎样”和“哪一个”

“怎样”和“哪一个”两个词语都有选择与征求意见和建议的意思。当这两个词出现在新媒体文案的标题当中时，也给了读者一个选择，让读者参与到阅读当中来，从而达到作者与读者之间互动的效果。

“怎样”一词在新媒体文案的标题中一般有两种意思：一种是指怎么解决，讲的是方式方法；另一种是你觉得怎样，讲的是征求意见建议或是获得首肯。相关案例分别如图 5-19 和图 5-20 所示。

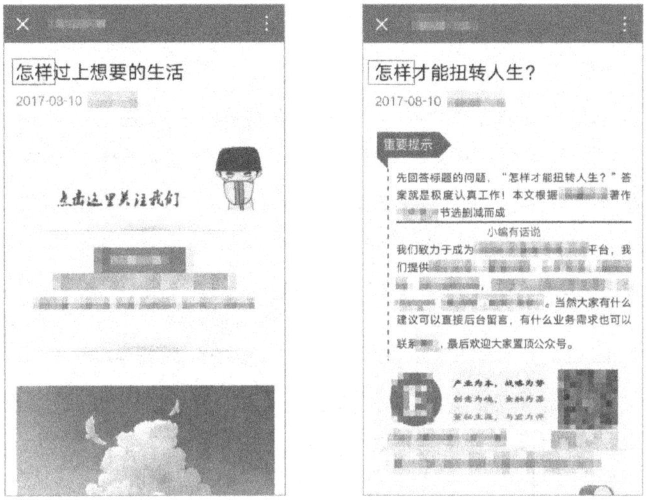

（1）　　　　　　　　（2）

▲图 5-19 以“怎样”一词表示方式方法的文案标题

> **解析** 图 5-19 所示的是在新媒体文案标题中用“怎样”一词表示“方式方法”的案例。这种标题所展示的文案内容是要帮助读者解决生活或工作中某种较为普遍的问题，为读者出谋划策，从而达到让读者阅读文章的目的。

▲图 5-20 以“怎样”一词表示意见建议或首肯的文案标题

解析

图 5-20 所示的是在新媒体文案标题当中用“怎样”一词表示意见建议的案例。“怎样”一词还能表示一种现状或状态，例如《没有钱你会怎样？》《长期不喝水会怎样？》等。在新媒体文案的标题撰写中，“怎样”一词的使用十分广泛，当它以“方式方法”的意思出现时，人们关注的也就是解决问题的方法；当它以“征求意见建议”的意思出现时，表现了文案作者对读者的一种尊重，读者的阅读体验会大幅提高。当然，对于“怎样”一词的运用不能局限于它的某一种意思和功能，要在学习和实践当中灵活运用。

“哪一个”一词在新媒体文案的标题当中出现时，就代表了一种选择，它比“怎样”一词所表示的选择性更为明确和直观。“哪一个”无论是在情感类文章的标题当中，还是在科普或技巧类文章的标题当中，都会引导读者参与选择，例如《哪一个原因让你选择去外地闯荡？》等。带有这一关键词的新媒体文案标题在无形之中就与读者产生了互动，有了互动才能调动读者的积极性，让读者更愿意参与到阅读和互动当中来。

在阅读文章时，人们更希望自己的观点或看法能够得到支持和理解。当读者看见文章标题里有“哪一个”这一具有互动性的关键词时，就会自觉自愿地参与到标题所写的互动中去，进而点击文章阅读。“哪一个”一词在新媒体文案标题中的运用案例如图 5-21 所示。

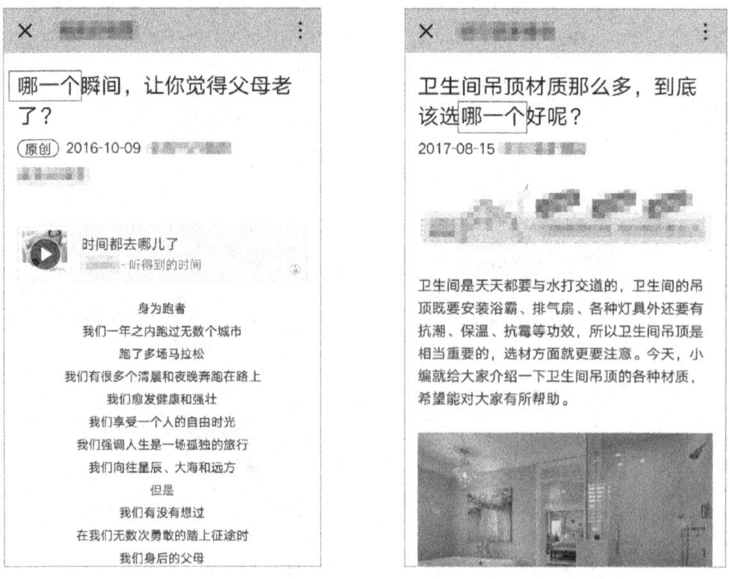

（1）　　　　（2）

▲图 5-21 “哪一个”一词在新媒体文案标题中的运用

解析 图 5-21 所示的是新媒体文案标题当中加入了“哪一个”这一关键词的案例。这些案例都很好地给读者列出了选项，标题所展示的内容也都与读者的生活和学习息息相关，引导读者进一步阅读文章。

047 “你是否”和“你能否”

“你是否”和“你能否”同属疑问句式，在标题中它们代表了对读者的提问。这一类标题更加注重与读者的互动。

“你是否”这一关键词的意思就是“你是不是怎样”，是对读者现状的一种展示。这样的文案标题出现在读者面前时，读者会下意识地把文案标题当中的问题放在自己身上，进而开始反思。例如，当读者看见《你是否也不爱吃早餐》这一文案标题时，就会下意识地想到自己是不是不爱吃早餐，进而想到吃与不吃的后果会是怎样的，然后就会点开文章一探究竟。加入“你是否”一词的文案标题案例如图 5-22 所示。

（1）

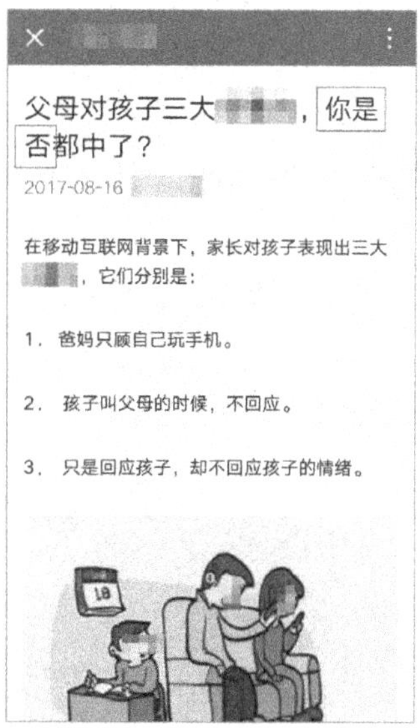

（2）

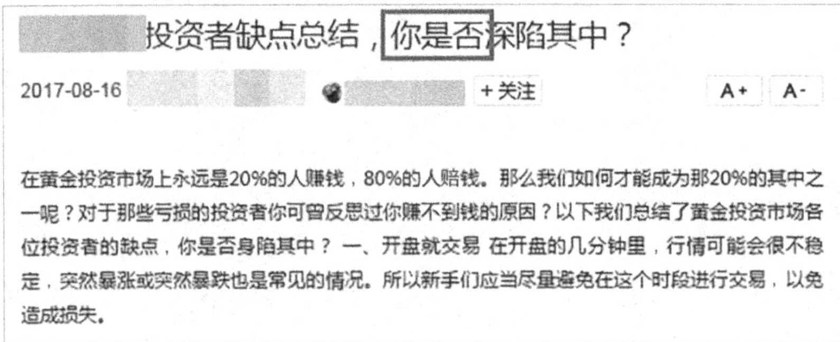
投资者缺点总结，你是否深陷其中？

2017-08-16 +关注 A+ A-

在黄金投资市场上永远是20%的人赚钱，80%的人赔钱。那么我们如何才能成为那20%的其中之一呢？对于那些亏损的投资者你可曾反思过你赚不到钱的原因？以下我们总结了黄金投资市场各位投资者的缺点，你是否身陷其中？ 一、开盘就交易 在开盘的几分钟里，行情可能会很不稳定，突然暴涨或突然暴跌也是常见的情况。所以新手们应当尽量避免在这个时段进行交易，以免造成损失。

（3）

▲图 5-22 加入“你是否”一词的文案标题

解析

图 5-22 所示的是新媒体文案标题当中加入了“你是否”这一关键词的案例。标题当中“你是否”一词的加入很好地给读者提了醒，让读者联想到自己身上，不论读者自身有没有标题里所提及的问题，读者都会下意识地去思考。带有“你是否”这一关键词的文案标题就是抓住了读者的这一心理。

“你能否”这一关键词的意思就是“你能不能怎样”，通常是在问读者能不能做到像文案标题里说的那样，是对读者能力或未来状况的一种表达或预测。这类标题通常能给读者一种指示或灵感，让读者去发现标题当中所阐述的能力或趋势，如图 5-23 所示。

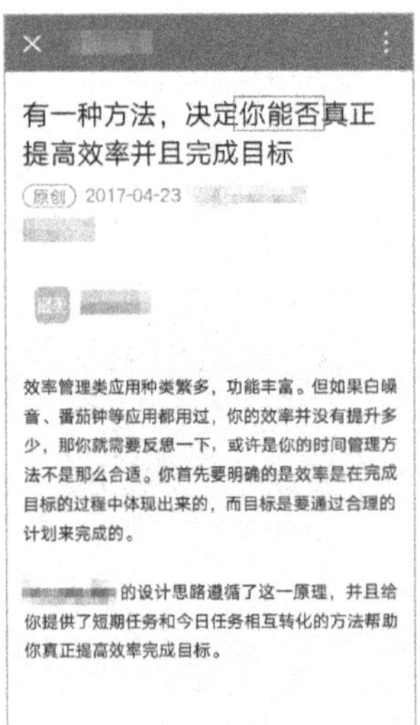
有一种方法，决定你能否真正提高效率并且完成目标

原创 2017-04-23

效率管理类应用种类繁多，功能丰富。但如果白噪音、番茄钟等应用都用过，你的效率并没有提升多少，那你就需要反思一下，或许是你的时间管理方法不是那么合适。你首先要明确的是效率是在完成目标的过程中体现出来的，而目标是要通过合理的计划来完成的。

的设计思路遵循了这一原理，并且给你提供了短期任务和今日任务相互转化的方法帮助你真正提高效率完成目标。

（1）

（2）

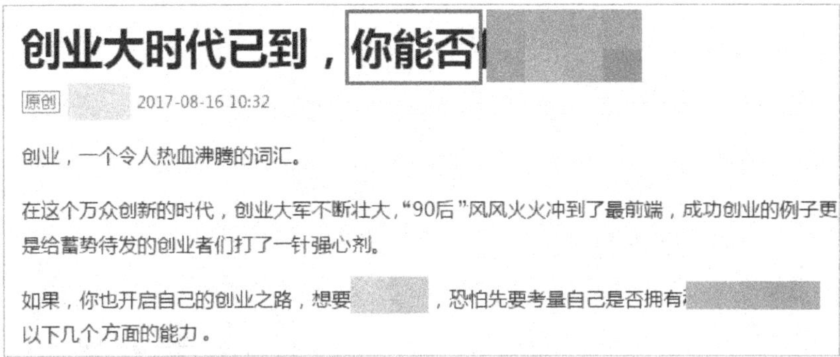
创业大时代已到，你能否

原创 2017-08-16 10:32

创业，一个令人热血沸腾的词汇。

在这个万众创新的时代，创业大军不断壮大，“90后”风风火火冲到了最前端，成功创业的例子更是给蓄势待发的创业者们打了一针强心剂。

如果，你也开启自己的创业之路，想要　　，恐怕先要考量自己是否拥有
以下几个方面的能力。

（3）

▲图 5-23 加入“你能否”一词的文案标题

解析

图 5-23 所示的是“你能否”这一关键词在新媒体文案标题中的使用案例。这类文案标题通常能够让读者了解自己是否具备标题当中所说的某一种能力，或是有没有把握住文案标题所涉及的趋势。这样的文案标题之所以吸引读者，是因为其在问读者的同时又能让读者自己反思，对于既能获得信息又能让自己有所收获的文章，读者自然会去深入阅读。

第6章

借势型：9个技巧，强化影响力

学前提示 >>>

在撰写新媒体文案标题时适当地借用热点、名人、流行等元素的势头，能够让文案传播速度加快，所以，新媒体文案标题的作者要学会“借势”。

本章将从标题如何借势的思路出发，重点介绍9种打造新媒体爆款标题的方法。

要点展示 >>>

- 借“热点”势头
- 借“流行”势头
- 借“名人”势头
- 借“牛人”势头
- 整合热点相关资料
- 合理答疑解惑热点
- 大品牌用方案借势
- 用情绪做出正确姿态
- 专业的图片要点概括

048 借“热点”势头

人们总说热点，那什么是“热点”呢？

其实关于“热点”一词的解释有很多，使用该词的地方也很多，本节所讲的“热点”是指在某一时期十分受人关注的事件或特别受人们欢迎的事物。

“热点”最大的特点就是关注的人数众多，所以巧借热点事件或新闻写出的新媒体文案也就会因为“热点”的关系，提升关注度和浏览量。那么“热点”从哪里来，又怎么用到新媒体文案标题当中呢？

“热点”传播一般来源于各大网络，如图 6-1 所示。

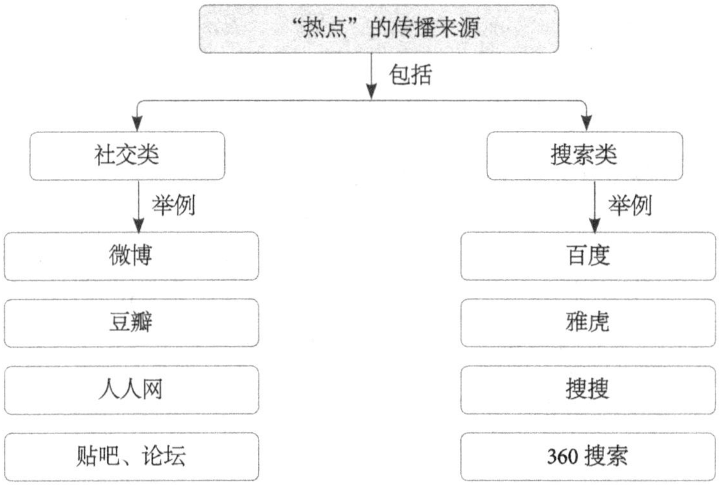

▲图 6-1 “热点”的传播来源

“热点”大多来自社会上发生的具有广泛影响力的事件或新闻。这些事件或新闻在民众之中传播得比较快，且易引发广泛讨论。“热点”，例如“世界杯”“奥运会”等热点，之所以能被众人关注，是因为它与人们的生活息息相关。新媒体文案的标题借助“热点”事件或新闻，能在很大程度上吸引关注这些“热点”的读者和观众，也能使文章的曝光率和阅读量增加。像这种借“热点”事件或新闻势头的新媒体文案标题案例如图 6-2 所示。

解签2017羽毛球世锦赛：狭路相逢勇者胜

原创 2017-08-11 15:43:41

2017年世界羽毛球锦标赛抽签结果8月10日揭晓。如果说过去很长一段时间大家都习惯于评判抽签结果是“上签”或是“下下签”，那么这一次，这样的评定标准已经不适用了。里约奥运周期之后，各队的新老交替及人员变化、非传统强国的快速崛起引发的世界羽坛格局变化，已经让运动员之间的实力差距大大缩小。所以本届世锦赛，最有可能出现的情况，就是“狭路相逢勇者胜”。

男单方面，下半区的争夺比较激烈。上届世锦赛冠亚军 都在下半区，“ 大战”可能在1/4决赛上演。在此之前， 可能遇到的最大对手是来自印度的 。而 的赛程相对困难，首轮他就碰上战胜过自己的法国人 ，1/8的时候会碰上 。而3/4区的争夺比较激烈， 等高手都集中在这个半区。

相比而言，上半区纸面上比较轻松， 所在2/4区最需要注意的是丹麦人 。而头号种子 想要从1/4区突围， 都是不容易迈过去的阻碍。

（1）

国羽女单小将世锦赛望展露中国女单精神

2017-08-23

腾讯体育8月22日 （文/ ） 当地时间8月22日，2017年羽毛球世锦赛上， 女单除了 之外，集体迎来了 世锦赛的首秀。 对年轻的队员来说，面对世锦赛这样的赛场 虽然都遇到了一些困难，但却没有因为紧张影响自己的发挥。外界都认为这是对 崛起的挑战，而 自己则认为，只要一场场去认真面对对手，打出 应有的气势就好。

（2）

▲图 6-2 借“热点”势头的文案标题

解析

图 6-2 所示的是借助“热点”势头的新媒体文案标题案例。这些文案所借助的都是一些具有强大影响力的“热点”。相对于一般的“热点”，这些影响力比较大的“热点”关注的人数更多、更广。

《解签 2017 羽毛球世锦赛：狭路相逢勇者胜》和《国羽女单小将世锦赛望展露中国女单精神》这两篇文案的标题均是借了“2017 年羽毛球世锦赛”这一“热点”打造的。每届世锦赛都备受体育爱好者的关注，所以借这一“热点”所撰写的文案标题，足以引起那些关注羽毛球世锦赛的读者的注意力，从而提高文章的关注度。

049 借“流行”势头

“流行”其实是一种社会心理现象，指在某一时刻或时间段内，人们所接受并付诸行动、语言等的某种观念、行为、事物从发生到结束的一个过程。

简单来说，流行就是指某一事物、想法、语言、行为等从出现到被众人接受并广泛运用，直到最后彻底结束的一个过程。流行所包括的范围很广，例如流行语言、流行音乐、流行颜色等。

很多新媒体文案的标题经常会借助流行元素，以达到让文章阅读量增长的效果。某一事物能“流行”一定是因为有众多的人参与和模仿，“流行”和“时尚”有着本质区别，这一点在新媒体文案的标题写作当中要尤其注意。所谓“时尚”是指在一段时间内，具有高品位、欣赏性、美感等能给人身心带来巨大愉悦和享受的某一事物。“时尚”是小众范围里的东西，所以不太能够拥有众多的“追随者”。

相对于“时尚”的小众来说，“流行”则更具包容性和普遍性。“流行”的事物或观念一般会涉及大部分人，如流行音乐，就是大部分人都能够有能力去欣赏和消费的。举个简单的例子，“时尚”就好比交响乐，而“流行”则像是街头小巷人人都能哼唱几句的小曲儿。“流行”的事物或观念有其“流行”的特点，人们总是能够在流行的事物或观念里找到某种自身需要的精神或心理的慰藉。“流行”的特征和用户动机如图 6-3 所示。

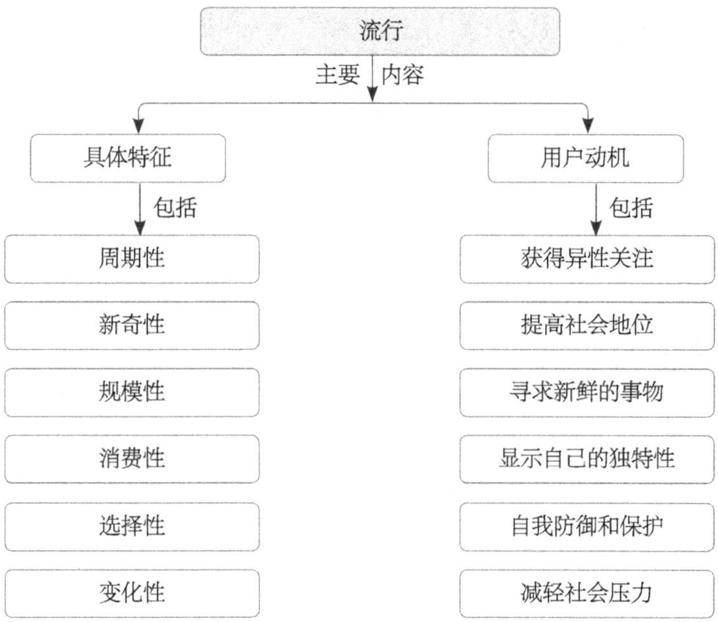

▲图 6-3 “流行”的具体特征和用户动机

借用“流行”的势头来撰写新媒体文案的标题，可以充分利用“流行”一词的特点和喜欢“流行”的读者的用户动机，来达到增加文章阅读量的效果。

新媒体文案中出现的流行元素是多种多样的，可以借助流行词汇、流行歌词或是当下正在流行的影视剧。借助这些被广大读者所了解和津津乐道的元素，会让一篇新媒体文案的推广变得更为简单。

拿“共享单车”来说，2017 年可谓是“共享”的一年。这一年“共享单车”出现后，“共享经济”随之而来，之后，“共享雨伞”“共享篮球”“共享单反”等层出不穷。

050 借“名人”势头

“名人”是指在某一领域内有较高威望的人，如军事家、文学家、艺术家等，有时也特指在历史上有过重要贡献的人，如“名人名言”就特指在历史上有过突出贡献的人所说的话。如今人们口中所说的“名人”，也指影星等。

相对于普通人来说，“名人”有一定的权威性。人们往往对名人有更多的信任感。例如，某一品牌的手机请某影星代言，那么这款手机的销量就会因为该“名人”的知名度而剧增。借助“名人”势头在现代社会是很常见的事情，众多品牌会选择由当下火热的“名人”代言，以借助“名人”的知名度来提升公众对相应品牌或产品的关注度。

这一方法在新媒体文案的标题写作中也十分实用，借助“名人”的效应可以大大增强文案标题的权威性。人们在看到这样的标题时，会觉得这种标题下所写的内容一定是“有道理”的。面对这样的文案标题，读者特别是该“名人”的拥护者，往往更愿意点击查看。

例如，某文案标题中出现了与某位关注度极高的“名人”有关的事情，这一文案的阅读量就会很高。这也就是所谓的“名人效应”。

借助“名人”势头的文案标题一般分为两类：一类是标题之中直接用“名人”的姓名，这能大大增强读者的阅读欲望；另一类是用“名人”的作品，将名人作品当中知名或经典的句子放在标题中也能引起读者的关注，提高读者的阅读兴趣。直接借助“名人”名字的标题案例如图 6-4 所示。

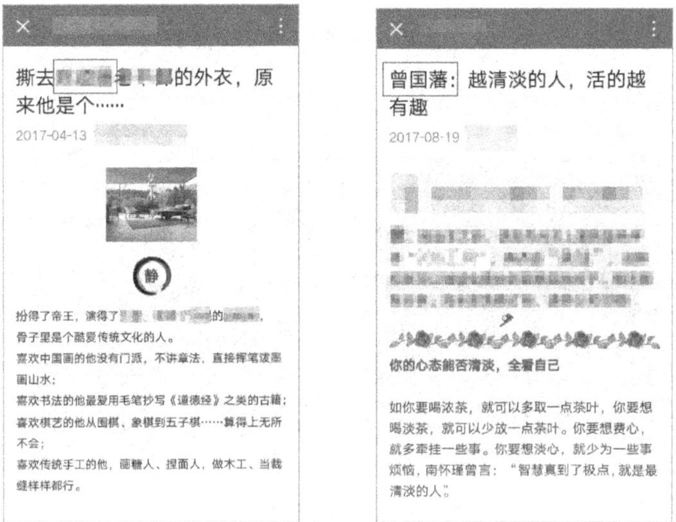

（1）　　　　（2）

▲图 6-4　借助“名人”名字的标题

解析

图 6-4 所示的是在新媒体文案的标题中直接借助“名人”名字的案例，一个是借助了某著名影星喜欢的家具种类而写的一篇介绍家具的文案，一个是借助了我国历史上的名人曾国藩来表达生活心境的文案。这两篇文案都直接借助了名人的姓名来达到让读者阅读文章的目的。

借助“名人”的作品的标题案例如图 6-5 所示。

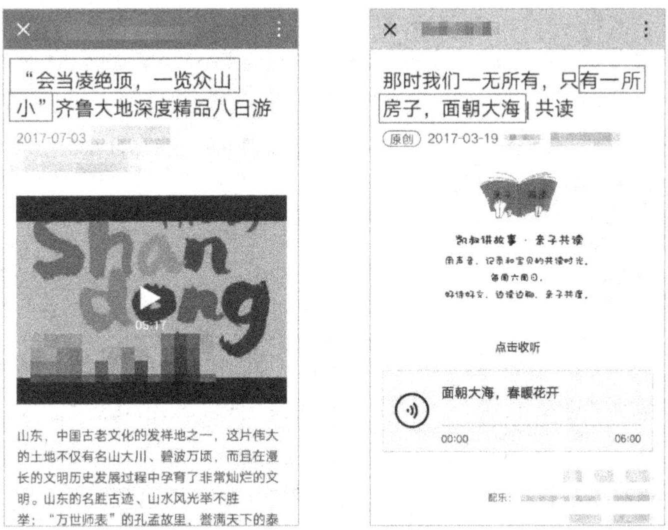

（1）　　　　（2）

（3）

▲图 6-5 借助“名人”作品的标题

解析

图 6-5 所示的是在新媒体文案的标题中借助了“名人”作品的案例。

“会当凌绝顶，一览众山小”借用的是杜甫《望岳》中的经典名句。该文案借用这一经典诗句来宣传齐鲁大地的旅游。利用经典古诗词来吸引读者是一个很好的方法。除此之外，还有很多利用经典古诗词做文案标题的案例，如《老界岭看云：众鸟高飞尽，孤云独去闲》等。

“有一所房子，面朝大海”来源于现代著名诗人海子的《面朝大海，春暖花开》一诗，突出了对美好生活的向往和对幸福的憧憬。这一文案标题就是用名人诗句，吸引热爱生活或热爱诗歌的读者阅读这篇文章。

《白鹿原》作为陈忠实先生的鸿篇巨制，光是书名影响力就足够大了。这本书所表现的就是一个时代波澜壮阔的景象。该文案用了陈忠实先生的《白鹿原》，不仅和作者所要写的新媒体文案的内容相互联系，而且还能吸引读者的眼球，特别是一些热爱文学和历史的读者。

051 借“牛人”势头

“牛人”一词多指做出一些令人意想不到的、十分厉害的事情的人，有对一个人表达敬佩和赞叹的含义，现在也把在某一领域做得尤其出彩的人称作“牛人”。现在流行的一句话叫“高手在民间”，所谓“高手”也就是指这些“牛人”。

“牛人”大多身怀绝技，所以当一篇文章的标题当中出现了“牛人”一词时，读者便会感兴趣。

从“草根”到“牛人”是众多人都向往的。当然，“牛人”各有不同，有些“牛人”通过自己的努力成为某些领域的顶尖人物。当人们见到这样的“牛人”时也会想看看这样的“牛人”身上有哪些是值得自己去学习和借鉴的。如在某领域已经做出傲人成绩的“牛人”，马云、马化腾、雷军等。

还有一类就是普通人因为某一领域的出色表现而被人所熟知。这样的“牛人”可能是通过某节目或是有人将其“绝技”拍摄下来上传到网上而广为人知的。当读者看到与“牛人”相关的文案标题时通常会点击查看这个“牛人”到底“牛”在哪里，又是如何变“牛”的？这样的“牛人”大多是生活中的普通人，看上去很平凡，但又“身怀绝技”，相关案例如图 6-6 所示。

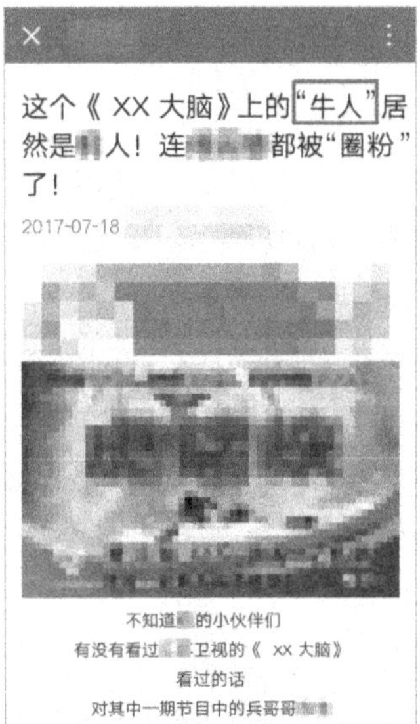

（1）

（2）

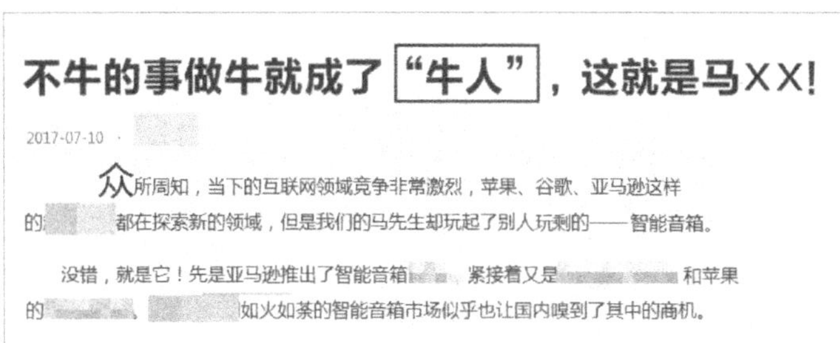

（3）

▲图 6-6 借助“牛人”一词的标题

解析

图 6-6 所示的是借助了“牛人”势头的标题案例。

微信公众号中出现的两个案例，都借助了火热的《×× 大脑》节目当中十分受人关注的两个“牛人”的势头，借助他们关注度高的这一特点来做自己的广告或品牌的推广，一个是借助了某“牛人”的故乡而做的一个旅游广告，另一个则是借助了某“牛人”在参加节目时身上所穿的服装品牌而推出来的一个服装品牌广告。

最后一则文案当中提到的“牛人”更是众所周知的人物了，借助这种众所周知的“牛人”势头所撰写的新媒体文案标题自然能吸引很多人，尤其是关注该“牛人”的人。所以在撰写新媒体文案标题时，适当借助“牛人”的势头能给文案标题加分不少。

052 整合热点相关资料

作者在撰写新媒体文案标题时，只关注“热点”是不够的，还要“整合热点”。什么是“整合热点”呢？就是将零散的“热点”收集归纳起来，并做一个合理衔接，从而帮助人们更好地共享信息。它的实质其实就是一个“热点”的集合。

所谓“整合热点相关资料”也就是在标题中将与“热点”有关的资料做一个整合。

新媒体文案的撰写如果只是对一个“热点”进行整合是不行的，还要提炼出相对于“热点”更多的东西。就如同一个出题者给你一堆散落在各个角落的拼图，你要做的工作并不仅仅是将这些散落的小零件收集起来，也不是将它们随意放在一起，而是要将它们有序地拼接才算完成任务。

新媒体文案撰写中的“整合热点相关资料”就像“拼图”的过程，当你看到整合出来的东西时你会觉得是在意料之中，但在别人没有整合出来的时候，你并不一定能想到那么多。

例如，2016 年人气很旺的电视剧《欢乐颂》和 2017 年人气很旺的电视剧《我的前半生》都引起了人们的关注。这两部电视剧所引发的与家庭、婚姻、爱情、友情等一系列情感话题相关的“热点”也被众多观众整合归纳出更多超出“热点”本身的内容，相关案例如图 6-7 所示。

（1）《欢乐颂》热点整合归纳

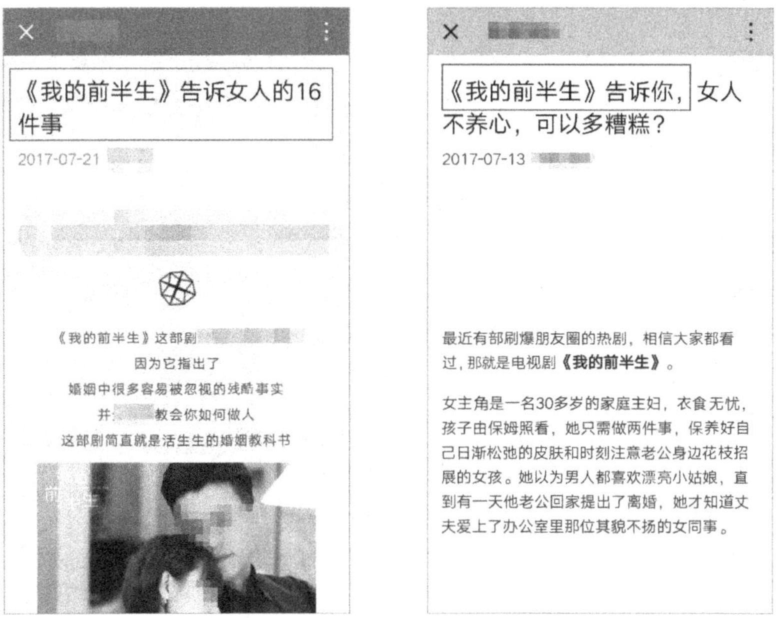

（2）《我的前半生》热点整合归纳

▲图 6-7 “热点”整合归纳型文案标题

解析

图6-7所示的分别是对电视剧《欢乐颂》和《我的前半生》的“热点”进行整合归纳的新媒体文案标题案例。这类新媒体文案标题都是通过对“热点”的资料整合与归纳提炼出更多的甚至是超出“热点”本身的内容。

在对电视剧《欢乐颂》的“热点”资料进行整合归纳的标题案例中，作者整合归纳出了有关“父母孩子”和“做人做事”的哲学。

在对电视剧《我的前半生》里的婚姻情感“热点”进行归纳整理的标题案例中，作者总结出了有关“女人”的经验，即女人在现代社会应该有的态度和心理状态。

这些都是对“热点”资料进行的归纳和总结，会让读者受益匪浅。

053 合理答疑解惑热点

“热点”的特点是关注度高，如果新媒体文案的标题中涉及某“热点”话题，就会让这篇文章有极高的关注度。

然而，在现实生活中，当某一“热点”袭来时，读者大多只是跟风关注，并不知道这个“热点”真正所讲的是什么、有什么利害关系或是发展前景、对自己的工作或生活有什么影响等，所以作者在撰写新媒体文案标题时，如果对“热点”进行答疑解惑，则会吸引更多关注这一“热点”的读者。知道这一“热点”的读者想更加深入地了解其实质内涵或发展方向等，而不是很清楚这一“热点”的读者在看到这类对“热点”进行答疑解惑的文案标题时，也想更清楚地了解这一“热点”到底是怎么回事。

读者一旦对某一个新媒体文案标题产生了兴趣，就会去点击这篇文章，也就增加了文案的关注度和阅读量，相关案例如图6-8所示。

（1）

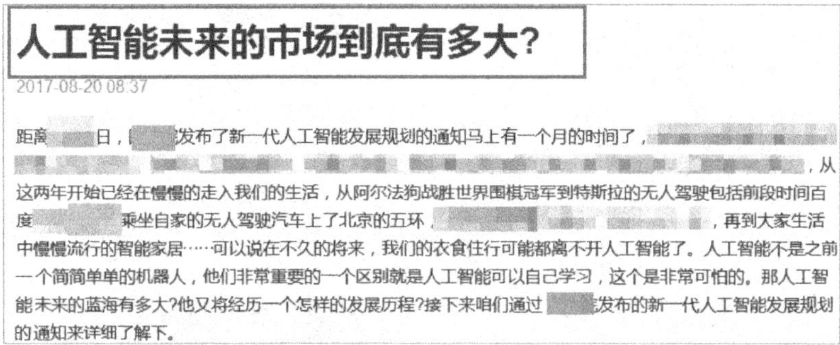

人工智能未来的市场到底有多大?

2017-08-20 08:37

距离 日，发布了新一代人工智能发展规划的通知马上有一个月的时间了，，从这两年开始已经在慢慢的走入我们的生活，从阿尔法狗战胜世界围棋冠军到特斯拉的无人驾驶包括前段时间百度 乘坐自家的无人驾驶汽车上了北京的五环，，再到大家生活中慢慢流行的智能家居……可以说在不久的将来，我们的衣食住行可能都离不开人工智能了。人工智能不是之前一个简简单单的机器人，他们非常重要的一个区别就是人工智能可以自己学习，这个是非常可怕的。那人工智能未来的蓝海有多大?他又将经历一个怎样的发展历程?接下来咱们通过 发布的新一代人工智能发展规划的通知来详细了解下。

（2）

▲图 6-8 “热点”答疑解惑型的文案标题

解析

图 6-8 所示的是对“热点”进行答疑解惑的标题案例。这类标题通常是对当年或者是某段时间里的“热点”进行答疑解惑，如“工匠精神”这个词刚出来的那段时间很多人对其并不了解，于是就有人对“工匠精神”的含义进行解答。而“人工智能”在人们对其有了认识之后，相关新媒体文案就开始对其未来的发展进行分析。这样紧扣“热点”的分析式标题十分受读者的欢迎。

054 大品牌用方案借势

所谓“方案”，就是针对某一工作或某一问题所制订的计划。在新媒体文案的标题撰写中，用方案借势是十分有效的打造和推广品牌的方式。大品牌运用方案借势的效果尤其明显，自己制作方案，在文案的标题上做文章，为自己的产品造势。例如，现在人们所熟知的“‘双 11’购物狂欢节”，就是阿里巴巴集团联合各大电商平台进行的一次十分成功的营销方案。

早在 2009 年，天猫就开始在 11 月 11 日这天进行降价活动，销量十分可观。后来，阿里巴巴集团和其他各大电商平台采用分时段降价销售的策略，吸引用户在降价时段购买商品。降价并不是时时刻刻都有的，而是固定在每年 11 月 11 日前后的一段时间，这就使众多用户在尝到甜头之后会持续关注今后的降价活动。久而久之，就形成了现在的“‘双 11’购物狂欢节”，相关案例如图 6-9 所示。

▲图 6-9 大品牌用方案借势的文案标题

解析

图 6-9 所示的分别是“淘宝网”“苏宁易购”“天猫超市”等大品牌用方案借势的案例。在这些案例当中，各文案都借用了“双 11”成功的方案来推广自己的品牌。“双 11”就是各大电商平台用方案借势成功的一个典型案例，在这个方案成功之后，各大电商平台推广自己的品牌就显得很容易了。这就要求新媒体文案的作者在撰写文案标题时要学会用方案为自己造势。

055 用情绪做出正确姿态

除了包括喜、怒、哀、惊、惧等常见的情绪以外，人们的情绪还有自豪、羞愧、歉疚、骄傲等。

大部分人很容易被某一种情绪所影响。人们十分关注的事情或话题更容易调动读者的情绪，例如“奥运会”期间，借助“奥运会”的势头所撰写的有关“奥运精神”的文章，就很容易调动读者的情绪。能调动读者情绪的热点话题，会在很大程度上吸引观众的注意力。

用情绪带动读者的文案标题案例有很多，如图 6-10 所示。

（1）

（2）

《战狼》——你的背后有一个强大的国家

2017-07-30 23:59

【原创】文/

很羡慕——这样有理想有胸怀的演员、导演、制片人，不，这些称呼都不足以形容他，他何止是一名演员、导演、制片人，他是我国新时代青年的代表，因为，他拍了《战狼》这部电影。

《战狼》是我国扬眉吐气的一把火，这把火会熊熊燃烧，以燎原之势振奋国人，形成极大的影响力。因为，他提醒着中国人，祖国强大，人民才有尊严！祖国繁荣，人民才有尊严！

（3）

▲图 6-10 用情绪带动读者的文案标题

解析

图 6-10 所示的是新媒体文案的标题用情绪带动读者的案例。

《孙 × 夺冠，强者无敌，为国争光》是借“2017 国际泳联世锦赛”中孙 ×“400 米男子自由泳”夺冠的事件来写的一篇带动观众情绪的文案。《〈战狼〉——你的背后有一个强大的国家》是借助优秀电影《战狼》的上映而写的一篇正能量的文案。这两篇文案都在标题上给读者一种强大的民族自豪感和国家自豪感，在情绪上能带动读者的爱国情怀和热情。

《邹 ××：没有永远的胜利者，但有永远的英雄》这一文案标题也是借助了“WBO 世界拳王金腰带卫冕赛”邹 ×× 与冠军失之交臂这一事件来表达一种“虽败犹荣”的情绪和思想。当邹 ×× 比赛失败时，人们看到的是一种不屈不挠、不服输、不放弃的精神。这类文案标题也能向读者传递正能量。

056 专业的图片要点概括

在新媒体文案的标题中如果能对图片的要点进行专业的概括，会让读者觉得你的文案是具有专业性的。

用图片的方式展示内容有很直观的效果，能提升读者的阅读感。例如，在文案的标题中加入“一张图片告诉你”这样的话语，再加上对文章内容里图片的专业性概括，不仅能让读者知道内容是以图片的方式呈现的，还能让读者知道图片的大致内容是什么，也会让读者乐于查看文章。

当然，新媒体文案标题的撰写，并不是随意选择一个内容就能附上“一张图告诉你”“一张图帮你读懂”之类的文字。所选图片也是要“借势”的，一定要借助人们关注或乐于讨论的某个话题或事物，不管是“热点”“流行”还是其他一些事物。例如，对某一流行趋势，要用一张图片的形式做一个专业性的归纳和概括，切忌空谈。相关文案所呈现的内容一定要让读者学到某种知识或是了解某种事物。

在撰写文案标题时所用到的这张图，是作者梳理之后归纳出来的“精华”。它能借助某一事物的势头，简单易懂地向读者传达作者的某一观念或者某一事物的具体情况。“一张图”是一个很简单的、让读者阅读起来没太大压力的事物，所以也更能吸引读者去阅读。

用图片对要点进行专业概括的新媒体文案的标题案例，如图 6-11 所示。

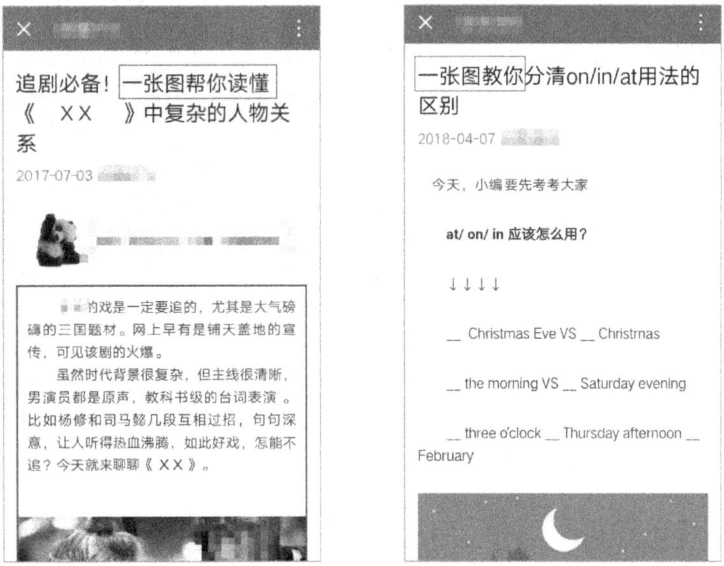

（1）　　　　　　（2）

▲图 6-11 对图片要点进行专业概括的文案标题

解析

图6-11所示的是在新媒体文案的标题中对图片的要点进行专业概括的案例。像这种文案所呈现出来的内容大部分都具有一定的专业性。除此之外，标题对图片要点的概括也是十分重要的。

《追剧必备！一张图帮你读懂〈××〉中复杂的人物关系》这一文案标题所借助的就是2017年一部高收视率的电视剧《××》的势头。它用比较专业的历史知识进行概括，用一张图来帮助读者补充相关的三国历史知识并对剧中人物关系进行梳理。

《一张图教你分清on/in/at用法的区别》这一文案标题所涉及的是人们学习英语过程中遇到的介词用法问题。on、in、at都是介词，都可用在表示时间的语境中，但其用法却是有区别的，而要对这一问题进行归纳梳理需要具有一定的专业知识。这篇文案对广大英语学习者来说，十分具有吸引力。

这些案例都是在文案标题当中对文章内容所示的图片进行了专业性的要点概括。对于读者来说，这样专业性的图片更简洁地提取了文案的精华内容和文章里所讲的技巧，因此，当读者面对这样的标题时，就会愿意点击文章查看。

第 7 章

数字型：11 种方式，让标题更具说服力

学前提示 >>>

学会用醒目的数字吸引读者，也有助于提升文案的阅读量。

本章从如何打造数字型标题的思路出发，重点介绍11种打造新媒体文案爆款标题的方法。

要点展示 >>>

- 表“人”的数量
- 表“资金”的数量
- 表“物”的数量
- 表“年”计量
- 表“月”计量
- 表“天”计量
- 表“小时”计量
- 表“分钟”计量
- 表“秒”计量
- 含有“%”符号
- 带有“倍数”

057 表“人”的数量

数字型标题会更加吸引读者，因为数字的读音和书写都十分简单，普及面十分广，甚至实现了全球通用。如果一个文案标题当中出现了一个数字，就会第一时间引起读者的关注。

数字是真实且十分准确的，新媒体文案标题中如果出现了数字，会让这篇文案更具说服力，也更能让读者信服。

读者在看一篇文章时，一般希望不费太多精力就能看懂文章到底讲的是什么。将数字放入标题中，就能很好地满足读者的这一需求。

作者在撰写新媒体文案标题时，加入表示“人”的数量词，就可以很好地吸引读者的目光。往往越是简单、清楚、用数据说话的标题越能引起读者的注意。在文案标题中加入了表示“人”的数量词的案例如图 7-1 所示。

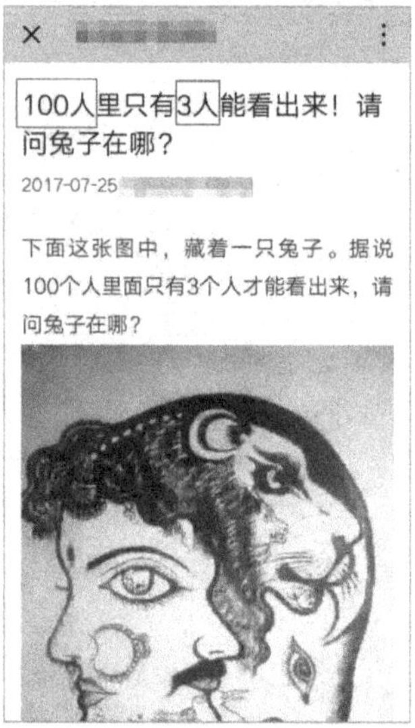

（1）

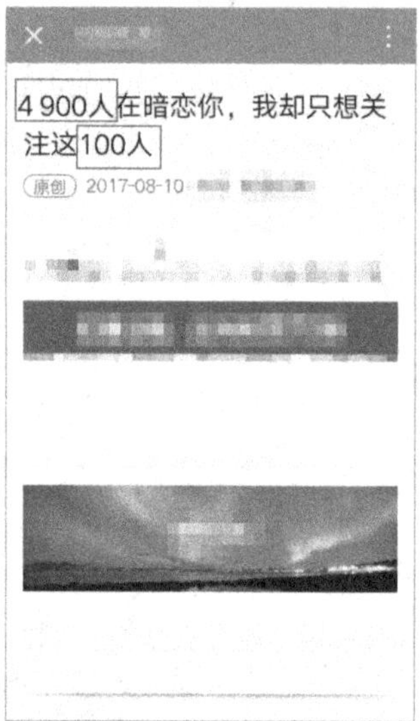

（2）

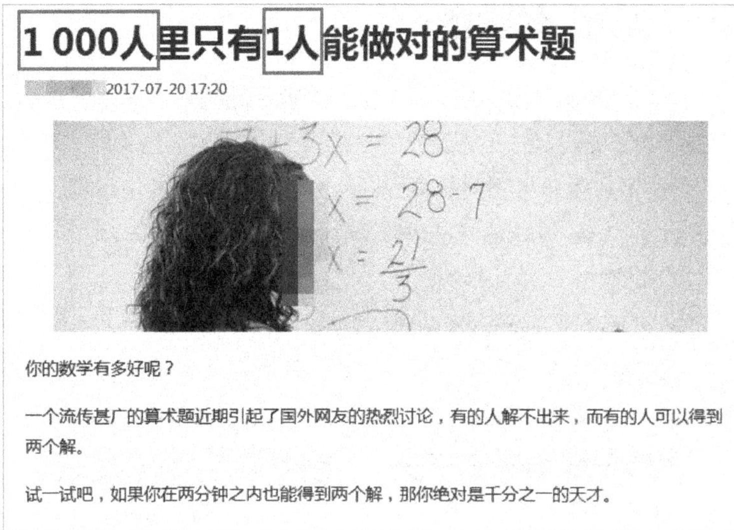
1 000人里只有1人能做对的算术题

2017-07-20 17:20

你的数学有多好呢？

一个流传甚广的算术题近期引起了国外网友的热烈讨论，有的人解不出来，而有的人可以得到两个解。

试一试吧，如果你在两分钟之内也能得到两个解，那你绝对是千分之一的天才。

（3）

▲图 7-1 加入了表示“人”的数量的文案标题

解析

图 7–1 所示的是新媒体文案的标题里带有表示“人”的数量词的案例。读者可以很清楚地看到每个案例当中所涉及的人数和这些“人”所涉及的事情的性质。

《100 人里只有 3 人能看出来，请问兔子在哪？》中的“100 人”和“3 人”就是表“人”的数量词，能引起人的注意，而 100 人只有 3 人这样的小比例事件，就会让读者想要挑战一下文案标题里面所涉及的题目，从而也就引起读者的关注了。

《4 900 人在暗恋你，我却只想关注这 100 人》这个文案标题当中，用“4 900 人”这个相对来说比较大的数字引起读者的注意。当读者看到这样的数字和数字后面的关键词“暗恋你”的时候，就会产生好奇心，想看看这“暗恋我”的 4 900 人到底是哪 4 900 个人？又为什么会只想关注 100 人呢？有了这一系列的疑问，读者便更想进一步查看文章了。

《1 000 人里只有 1 人能做对的算术题》这一文案标题中“1 000 人”里只有“1 人”，这个概率就更小了。表示“人”的数量词可以起到让读者想要挑战一下的作用，从而引起读者的关注。

在新媒体文案的标题中准确地加入表示“人”的数量词，可以很好地点明文章重点，吸引读者阅读。

058 表“资金”的数量

“资金”在人们的日常生活里扮演着十分重要的角色，是人们生活、工作都离不开的重要组成部分。有关“资金”的信息一般很容易吸引人们的注意。

代表“资金”数量的数字型文案标题十分常见。一般说来，能让人对新媒体文案产生好奇心的代表“资金”数量的标题有两类，具体如下：

◆ “资金”的数额对普通人来说巨大；

◆ “资金”的数额对普通人来说极小。

像这样数额巨大和数额极小的两种极端，在引起读者震惊的同时也勾起了读者的好奇心。表示“资金”数额巨大的相关案例如图 7-2 所示。

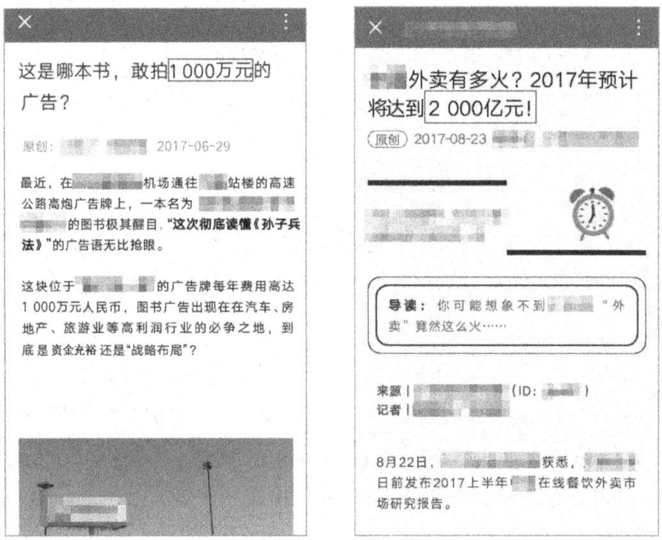

（1）　　　　（2）

▲图 7-2 表示“资金”数额巨大的文案标题

解析

图 7-2 所示的是在新媒体文案的标题中，“资金”数额巨大的案例。《这是哪本书，敢拍 1 000 万元的广告？》和《×× 外卖有多火？ 2017 年预计将达到 2 000 亿元！》这两则标题中所出现的“1 000 万元”和“2 000 亿元”对于普通人来说都是巨款，正因为对于普通人来说金额巨大，普通人才会更愿意去关注，也就能在很大程度上吸引读者的眼球了。

图 7-3 所示的为标题中所呈现的“资金”数额对于普通人来说极小的案例。

（1）　　　　　　　　　（2）

▲图 7-3 表示“资金”数额极小的文案标题

解析

图 7–3 所示的是在新媒体文案的标题中出现的“资金”数额极小的案例。这类标题中所出现的金额大多极小，例如案例标题当中出现的“2 元”和“10 块钱”，即使对普通人来说，这个“钱”的数额也是很小的。人们在看到这种“金额极小”的标题时也会产生兴趣，从而能在很大程度上提高读者的关注度。

新媒体文案的标题中对“资金”的数量还有另一种呈现情况，那就是将大数额与小数额进行对比。这种标题更能够给读者带来视觉和心理上的冲击，像这种大小数额对比的案例如图 7–4 所示。

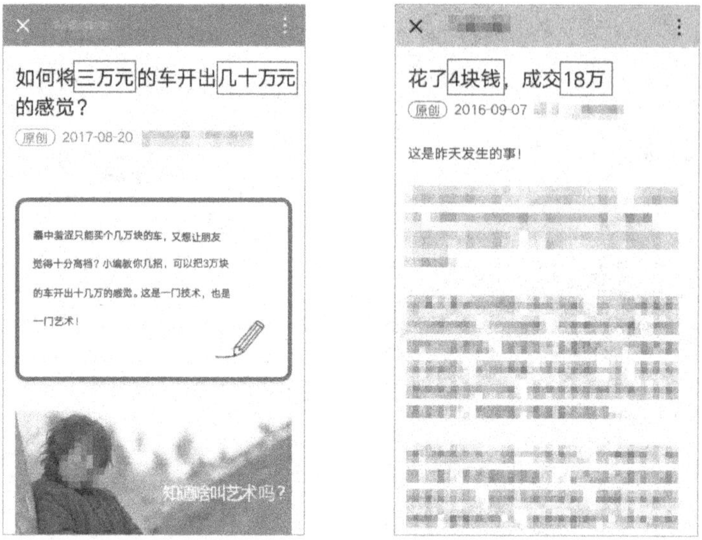

（1）　　　　（2）

▲图 7-4 含有大小数额对比的文案标题

解析

图 7-4 所示的是在新媒体文案的标题中有大小金额对比的案例。案例标题中出现了两个数据的对比，更具有说服力。这也是此类文案标题之所以出彩的原因——“三万元”和“几十万元”，以及“4 块钱”和“18 万元”的对比效果都是十分明显的。所以，新媒体文案的标题适当运用大小数据的对比，能让标题和数据更形象地说明问题，也能在很大程度上吸引读者。

059 表“物”的数量

在新媒体文案标题当中，除了表示人或资金的数量以外，其他东西的表达也离不开数量的运用，例如“几百吨水”“几本书”“两三瓶颜料”“一碗饭”等。

人们的日常生活离不开数量的应用，这就要求新媒体文案的作者在撰写标题时，要合理地使用“物”的数量表示方法来吸引读者的注意。日常生活中涉及的“物”很多，所以这类新媒体文案标题在素材上无需太过担心，相关案例如图 7-5 所示。

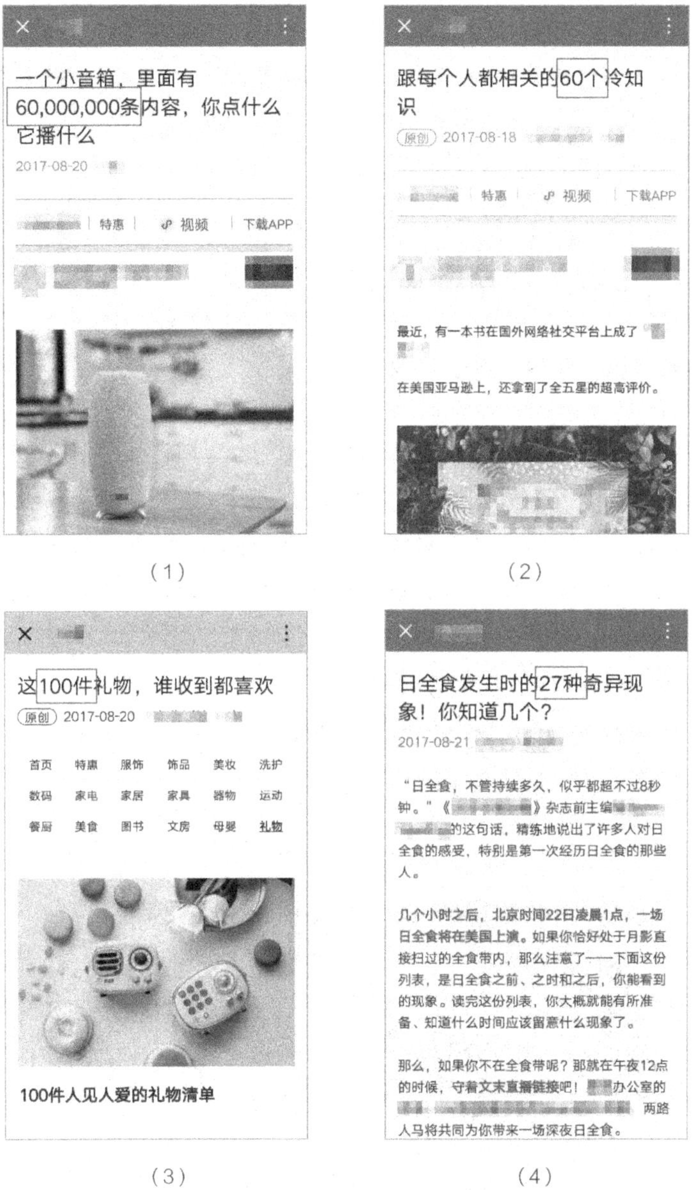

▲图 7-5 带有表“物”的数量的文案标题

解析

图 7-5 所示的是在新媒体文案的标题当中出现了表示“物”的数量的案例，其中所涉及的“物”有较为准确的数量。无论是“60 000 000 条内容”“60 个冷知识”“100 件礼物”，还是“27 种奇异现象”等都是日常生活当中常见的或是读者们想要了解却又不了解的东西。而这恰好契合了读者常关注的目标事物——人们关注的也就是生活中常见的或自己还不知道的东西。将这些读者们感兴趣的“物”用醒目的数字表现出来，省去了读者自己寻找或归纳的复杂过程，能让读者更愿意去阅读文章。

060 表“年”的计量

“年”相对于其他表示时间的单位来说算得上是比较长的了。人们每天都在跟时间打交道，自然也就离不开对时间的数量化了。

“年”是人们经常提到的时间单位。“年”所表示的时间，在一部分人心里是很长的，但在另一部分人心里又是很短的。其实在新媒体文案标题当中出现的“年”，从直观上有表示时间长短的意思，但有时候还能表示超出时间以外的含义，如图 7-6 所示。

为什么要阅读？在成都有一个地方，20年了，总有那么多人在读书

原创 2017-08-11 21:20

漫 成 都 在 生 活

随着各种互联网+的出现，阅读习惯的改变、碎片化阅读的冲击，我们总有太多理由去拒绝捧起一本书，哪怕只是每天花上十五分钟、半小时，沉浸地读一会儿。在这个互联网时代，没有读书教给你的智慧和统观全局的眼光，预测未来的敏感

（1）

（2） （3）

▲图 7-6 有表示“年”的计量的文案标题

解析

图 7-6 所示的是在新媒体文案的标题中出现了表示“年”的计量的案例。这 3 个案例当中“年”不只是一个时间的计量，也代表一些人生的其他含义。

《为什么要阅读？在成都有一个地方，20 年了，总有那么多人在读书》里面的“20 年”所表示的不仅是一个很直观的时间概念，还有对“读书”的坚持。当读者看到这样的标题时也会对文案内容感兴趣，想要知道是什么使成都的“一个地方”能有那么多人坚持读书 20 年。

《他连续辞去 ×× 工作，用 12 年走遍半个世界，成了职业旅行家》这一标题当中的“12 年”所表示的除了时间之长以外，还有“他”敢于去实现自己梦想的勇敢和“12 年”来的坚持不懈。

《800 年老牌子的 ×× 菜刀，每一把都是匠人手工锻造，锋利无比》这一标题当中的“800 年”除了代表这一品牌经历的时间长之外读者也能从这个“800 年”中对这一品牌产生好感，因为只有质量过关并用心做事的品牌才能维持“800 年”之久。

“年”在新媒体文案标题当中的计量除了能表示时间长短以外，还能表现出一个人或是一个品牌的坚持和优质。

061 表“月”的计量

一年分为 12 个月，是人们对“年”这个稍微有点长的时间单位的细分。如果说“年”所表示的时间长，那么“月”所表示的时间就要短很多了，因此在新媒体文案的标题当中出现表示“月”的计量也就表示文案所指的事物所经历的时间比较短。用这类标题的文案多涉及人们想要快速解决的“难题”，所以，用“月”来计量会让读者觉得这一“难题”能够在短期内解决。这样一来，读者就会去阅读文章查看这一“难题”的解决办法了。在新媒体文案的标题当中表示“月”的计量的案例如图 7-7 所示。

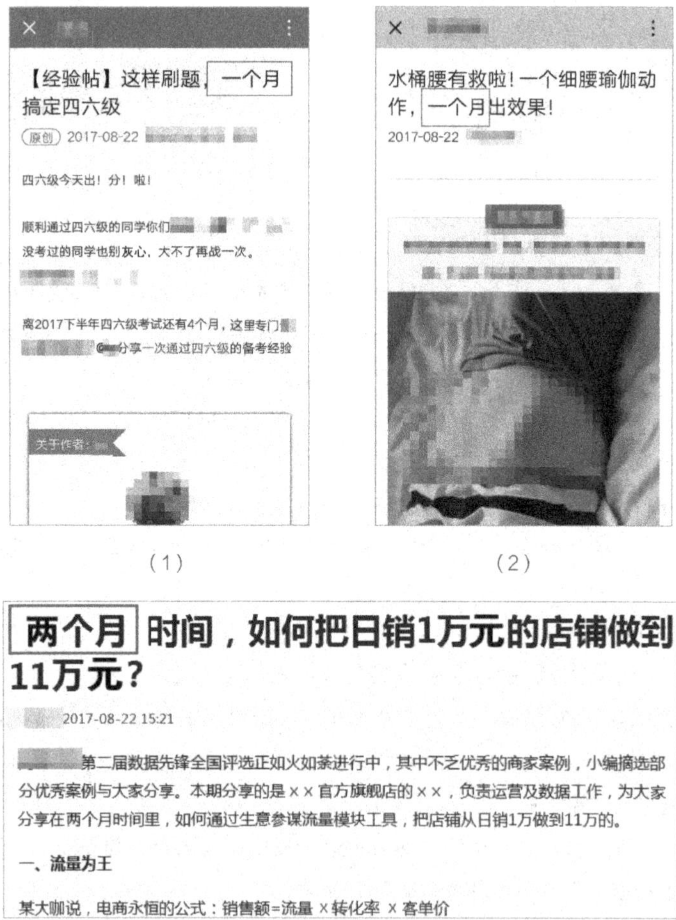

（1）（2）

（3）

▲图 7-7 有表示“月”的计量的文案标题

解析

图 7-7 所示的是文案标题当中表示“月”的计量的案例。这些标题案例所讲的内容大多是人们平时十分苦恼或是十分想要了解的方法、解答。例如《这样刷题，一个月搞定四六级》这一案例所针对的是为英语四、六级考试而苦恼的人。这些人大部分是在校大学生。当这些大学生看到说只需“一个月”就能通过四、六级的标题时，就会想点击查看具体的办法。

《水桶腰有救啦！一个细腰瑜伽动作，一个月出效果！》这一文案标题所涉及的就是有关减肥的内容。关注这部分内容的大部分是女性，因为能在短期内达到减肥瘦身的效果，是很多女性都渴望的。因此，文案标题用了“一个月”这样一个相对较短的时间计量单位，可以在很大程度上调动对这一话题感兴趣的读者的阅读积极性。

《两个月时间，如何把日销 1 万元的店铺做到 11 万元？》这一案例针对的就是那些想要做好店铺的读者。在“两个月”这个较短的时间内能把店铺日销扩大是很多商家想要达到的目标，所以标题中的“两个月”能很好地吸引对经营店铺感兴趣的读者的关注。

在新媒体文案的标题中有表示“月”的计量时，通常所表示的就是短时间内能看到比较好的效果，只有这样有对比性的标题才能在更大程度上吸引读者的注意，激起读者查阅文章内容的兴趣。

062 表“天”的计量

“天”是对“月”的细化，一个月划分为 28 天到 31 天不等，细化了“月”这一时间计量单位也就代表时间单位被划分得很简单了。

在现代化社会中，人们更喜欢在更短的时间内完成某件事情。“天”所代表的时间比“月”所代表的时间短，也是日常生活当中人们用得比较多的时间计量单位。如果一篇新媒体文案的标题里面出现了“××天”这样的字眼，除了“天”前面的数字能引起读者的关注以外，“天”这一时间单位对读者视觉所带来的感受也不容忽视。

新媒体文案的作者在撰写文案标题时，用表示“天”的计量能引起读者的注意，提高读者的阅读兴趣。例如，《某某大学生发明一软件，3 天就赚 50 万》《还有 1 天，免费送活动就要结束了》或者《坚持用这个洗脸，10 天还你一个婴儿般的肌肤》

之类的新媒体文案标题，所采用的就是用“天”这一时间计量单位来表示时间较短，让读者感受到时间的紧迫。这样也就在无形之中吸引读者阅读文案的详细内容。以“天”为计量单位的新媒体文案标题如图 7-8 所示。

（1）

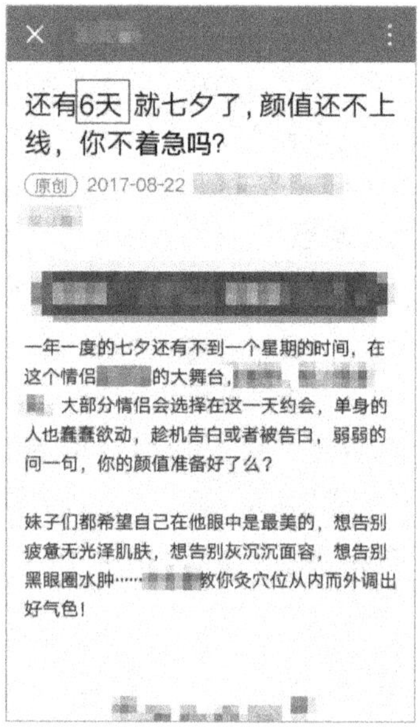

（2）

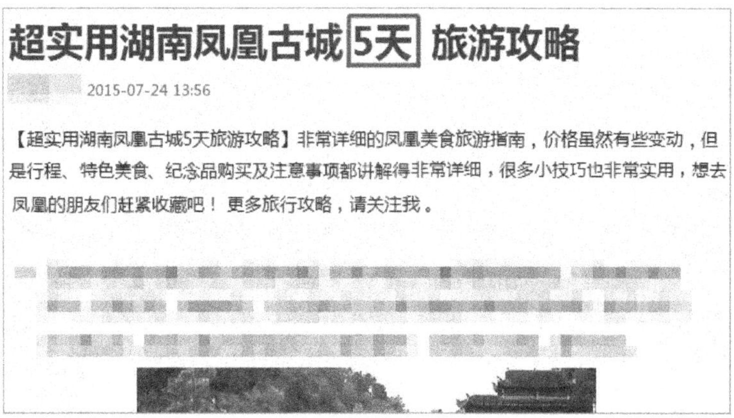

（3）

▲图 7-8 有表示“天”的计量的文案标题

解析

图 7-8 所示的是新媒体文案的标题中以“天”为计量单位的案例。

《福利全场满减，最后两天！新品驾到，千万别错过！》这一标题之中的“两天”所表示的是“时间紧迫，错过不再有”的意思。读者在看到这样的文案标题时会想着在最后的时间内购买自己想要的东西。

《还有 6 天就七夕了，颜值还不上线，你不着急吗？》里面的“6 天”所表示的也是时间紧迫的意思。这篇文案其实是关于祛斑的，所针对的读者也大多是女性。标题中用了一个带有紧迫感的“6 天”带来了一种时间上的紧张感，又恰逢“七夕”这样一个特殊的节日，所以读者在看到这一标题时，不管其自身有没有文章提及的问题，都会点击查看，毕竟爱美之心人皆有之。

《超实用湖南凤凰古城 5 天旅游攻略》这一标题中出现的“5 天”与前面两个案例所表示的“天”的计量含义有所不同。这一文案标题中的“5 天”要给读者的并不是时间紧迫的感觉，而是一个行程计划安排。在很多有关旅游或出行的文案标题当中，经常出现的就是表示一个时间段的行程计划安排。“5 天旅游攻略”就是为那些想去湖南凤凰古城玩 5 天左右的读者提供一个科学合理且有计划的行程安排。

063 表“小时”的计量

“小时”也是一个时间计量单位，它将“天”划分为 24 个小时，是人们对时间的又一细分。

“小时”这一时间计量单位相对于“天”来说显得更短，当“小时”出现在某一标题当中时，在不同的情况下会有不同的含义。

一方面会让人觉得时间颇为长久。例如，《这一家美食店每天要排队 3 小时还不一定能买到》这一文案标题当中的“3 小时”就给人一种时间很长的感觉。这是因为对于平时排队买东西来说，3 小时其实是很长的时间。

另一方面就是“小时”所表示的时间很短，例如《某某高铁已通车，从此来回两地只需两小时》这一文案标题中的“两小时”就有时间较短的意思。所以，同样是“小时”，在不同的语境中所表达的意思是不一样的。

在新媒体文案的标题撰写中，涉及表“小时”计量的时候，常用的方式有两种。一种是单个表示时间的，就是文案标题中就出现了标题所讲的某一件事情，而没有对比，如图 7-9 所示。

某某高铁已通车 从此来回两地只需两小时

2017-05-02 14:51

高铁已经通车了，从此出发到只需要两个多小时了，早上从出发，中午还能边吃饭边欣赏的美景。

是主要的景点之一，作为宝贵的旅游资源，它被称为"东方女儿国"。

（1）

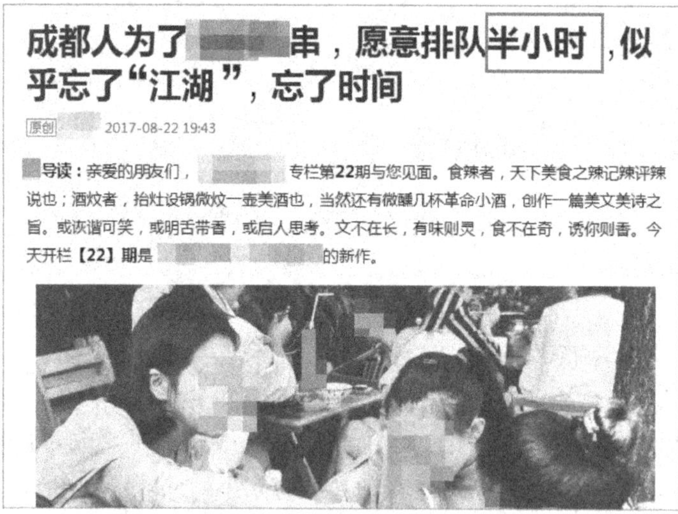

成都人为了串，愿意排队半小时，似乎忘了"江湖"，忘了时间

原创 2017-08-22 19:43

导读：亲爱的朋友们，专栏第22期与您见面。食辣者，天下美食之辣记辣评辣说也；酒炆者，抬灶设锅微炆一壶美酒也，当然还有微醺几杯革命小酒，创作一篇美文美诗之旨。或诙谐可笑，或明舌带香，或启人思考。文不在长，有味则灵，食不在奇，诱你则香。今天开栏【22】期是的新作。

（2）

▲图 7-9 以"小时"为计量单位的文案标题

解析

图 7-9 所示的是以“小时”为时间计量的案例，两则案例中出现的“小时”所表示的意思又有所不同。

《某某高铁已通车，从此来回两地只需两小时》这一标题中的“两小时”所表示的就是时间比较短的意思。在《成都人为了 ×× 串，愿意排队半小时，似乎忘了“江湖”，忘了时间》这一标题当中的“半小时”就有时间长的意思。

另一种就是通过一种对比换算的“时间”将关联性不是很大的两种事物联系在一起，有了对比性，就更能给读者带去一种直观的感受，这样的新媒体文案标题如图 7-10 所示。

慢跑1小时可延长7小时寿命

2017-08-12 10:58

最新研究发现，跑步可能是延长寿命最有效的运动。该研究发现跑步的人的寿命比没有在跑步的人多三年，即便他跑得很慢、或是只是偶尔跑步，都不影响结果。

（1）

生气1小时=熬夜6小时

2017-08-16 14:22

心理学家通过病例分析发现，生气1小时造成的体力与精神消耗，相当于熬夜6小时。人的负面情绪得不到释放，会导致血压升高、胃肠紊乱、免疫力下降，引起皮肤弹性下降、色素沉着，甚至诱发疾病。生闷气是对自己施加酷刑，所以今天你不要生气哦！

（2）

▲图 7-10 对比型表示“小时”计量的文案标题

解析

图 7-10 所示的是对比型表示“小时”计量的文案标题案例。这两则案例当中都有两种事物的对比，如《慢跑 1 小时可延长 7 小时寿命》这一文案标题当中，就将“1 小时慢跑”和“7 小时寿命”放在一起做了比较，更加直观，也能让读者更加重视。

《生气 1 小时 = 熬夜 6 小时》这一文案标题是将生气和熬夜这两种相关性不大的事物放在一起做对比。效果惊人，所以当读者看到这样的标题时，就会更加注意。

064 表“分钟”的计量

在新媒体文案的标题撰写中，也会经常涉及“分钟”的计量。“分钟”所表示的时间往往比较短，但又不至于太过短暂。一般这种带有“分钟”计量单位的文案标题，会给读者一种“无需耗费太多时间，但又能很清楚地了解文章内容”的感觉，如对于“几分钟快手菜”这样简单、高效的标题，读者一般会愿意去查看文章内容，如图 7-11 所示。

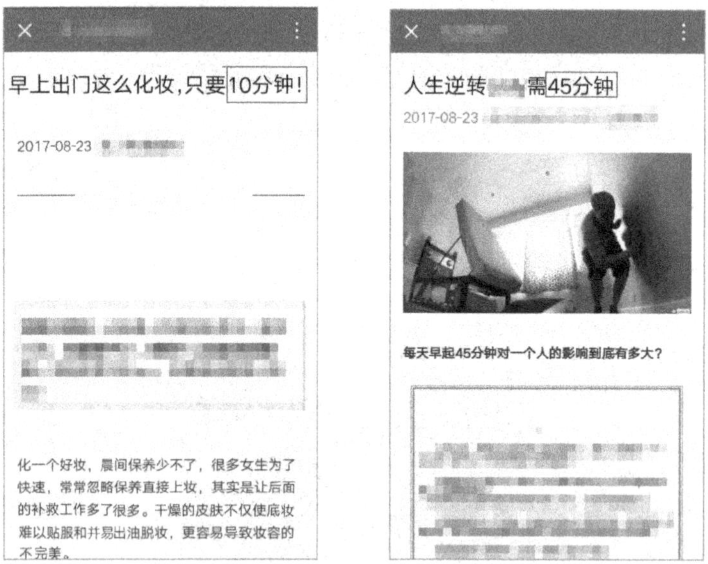

（1）　　　　（2）

美食 | 周末懒人早餐：5分钟口袋饭团

2016-09-27 09:47

一个在漫画中出现，叫作 的饭团去年在 非常流行，字面意思看 就是不捏的意思，饭团不捏那还是饭团吗？从成品来看，确实不太像是饭团，更像是三明治或者是汉堡包，但是从味道来看的话，还确确实实是饭团的味道。

饭团的内容，根据个人口味，简单复杂，普通豪华都可以，这次介绍的三种：鸡蛋火腿、牛肉秋葵、鲜虾牛油果是相对比较日式的三款，抛砖引玉，大家不必拘泥，可以按照自己的喜好发挥。

（3）

▲图 7-11 有表示“分钟”的计量的文案标题

解析

图 7-11 所示的是表示“分钟”计量的标题案例。这些案例中所出现的“分钟”都表示时间很短。

《早上出门这么化妆，只需 10 分钟！》这一文案标题里出现的“10 分钟”所涉及的事情是化妆。一般来说，化妆所耗费的时间有点长，但文案标题里说“10 分钟”就可以解决了。读者，特别是爱化妆的读者看到这种既能节省时间又能达到效果的方法是很愿意去尝试的，自然也就会去深入阅读了。

《人生逆转 ×× 需 45 分钟》这一文案标题中所出现的“45 分钟”是指“人生逆转”所需要的时间。一般来说，人往往对自己当前的生活状态不会十分满意，这一标题告诉读者“45 分钟”就能帮你“逆转人生”。这对读者是一个很大的诱惑，会促使读者点击文章阅读内容。

《美食 1 周末懒人早餐：5 分钟口袋饭团》这一文案标题也用了一个较短的时间——“5 分钟”，来解决平时做早餐花费时间较多的问题，以吸引读者阅读文章进而学习。

065 表“秒”的计量

在新媒体文案的标题中，如果出现了表示“秒”的计量，则表示这一文案所讲的事情完成速度会很快。因为“秒”本身所代表的单位时间长度就很短，因此在讲究快节奏、节约时间的现代社会，这样的文案标题对读者尤其是赶时间的读者非常有吸引力，如图 7-12 所示。

（1）

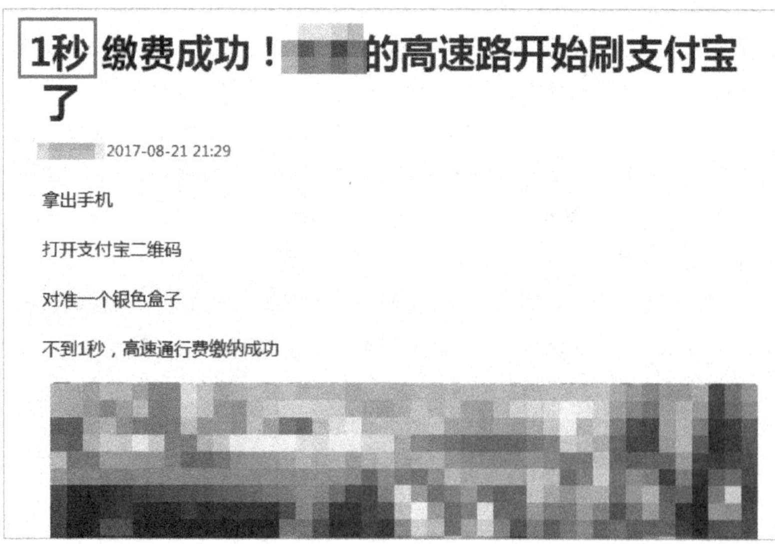

（2）

▲图 7-12 表示“秒”计量的文案标题

> **解析**
>
> 图 7-12 所示的是表“秒”计量的文案标题案例。这些案例中所涉及的时间都很短，长则 10 秒，短则 1 秒，给读者一种节约时间、快速方便的感受。
>
> 《3 秒获客，你的餐厅也能成为人气王》中的“3 秒”表示的就是能让“你”的餐厅生意快速好起来的办法。当然，这一标题和《1 秒缴费成功！ ×× 的高速路开始刷支付宝了》这一标题有相似之处，都是通过这篇文章，让读者在以后遇到文案里所写的事情时，能用很短的时间去解决问题。

066 含有“%”的符号

“%”所表示的是一个比例，能表现出所涉及的事物大致有多少。在新媒体文案的标题撰写当中如果出现了“%”这一表示占比的符号，则会吸引读者阅读。

对于新媒体文案的作者来说，将“%”放入标题之中的表达会更稳妥，也不容易出错。

新媒体文案的标题当中有“%”的案例如图 7-13 所示。

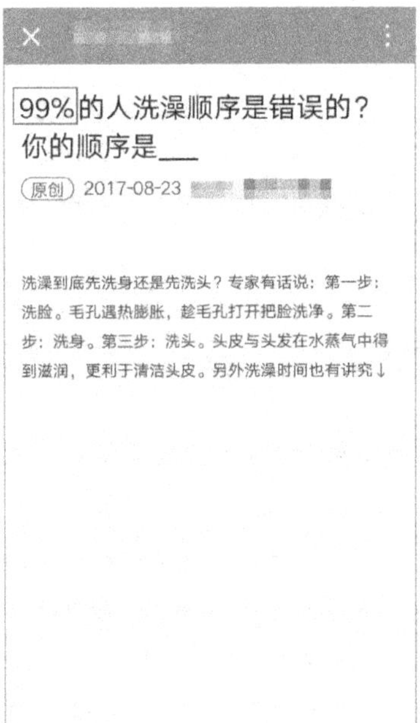

（1）

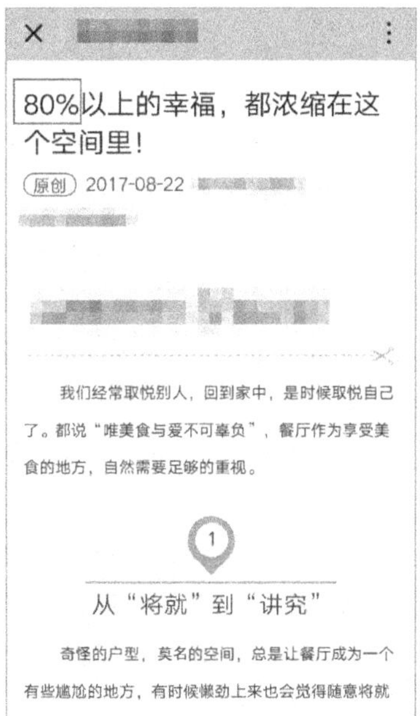

（2）

98%的人嘴里都有一颗“定时炸弹”，看看你中招了吗？

2017-08-16 16:13

曾经有一口完好的牙齿摆在我面前，我没有珍惜，等到失去的时候，我才后悔莫及。

人世间最后悔的事，**莫过于牙齿病了，后来没了……**

（3）

▲图 7-13 含有“%”符号的文案标题

解析

图 7-13 所示的是标题中有“%”的案例。这类带有“%”的文案标题，所体现的都是一个大概的比重，因为没有准确的数据，所以涉及的人或物范围就更广。例如，《99% 的人洗澡顺序是错误的？你的顺序是____》这一标题中的“99%”就包含很多人。当读者看到这一标题时，就会自动把自己也代入到这 99% 的人里面去，进而就会点击文章查看标题里所说的正确的洗澡顺序。

《80% 以上的幸福，都浓缩在这个空间里！》这一标题中的 80% 是将抽象的东西数据化，能给读者带来比较直观的感受。

《98% 的人嘴里都有一颗“定时炸弹”，看看你中招了吗？》这一标题中的 98% 是一个十分庞大的群体，正因为有这么多人都会有这种问题，读者在看到这样的标题时，就会联想自己是不是也存在这样的问题。

这种含有“%”的标题，凡涉及一定比例的“人”，大部分读者都会自动把自己代入到标题所说的事件里去，然后查阅文章内容看看自身是否存在标题里说的那种情况，进而找到解决办法。

067 带有“倍数”

“倍”是“倍数”的意思，表示一种程度。在新媒体文案标题的撰写当中出现的“倍”往往都有一个对比的对象，相比某一事物有所增长或下降。

与单纯的数据相比，“倍”说明问题更加直接，例如，从《某学校今年招生人数是去年的 3 倍》中，就可以很直观地看出增长的程度。读者往往更喜欢看直接的东西，因此，在新媒体文案中，有数据就将数据展现出来，增长多少就用倍数表示，尽量减少读者搜集资料或计算的过程，这也能够在一定程度上提高读者的阅读体验。

这类标题一般是用数字引起读者的注意，再用“倍”这一表示程度的字眼来强化数字。在新媒体文案的标题中带有“倍”字的案例如图 7-14 所示。

（1）

（2）

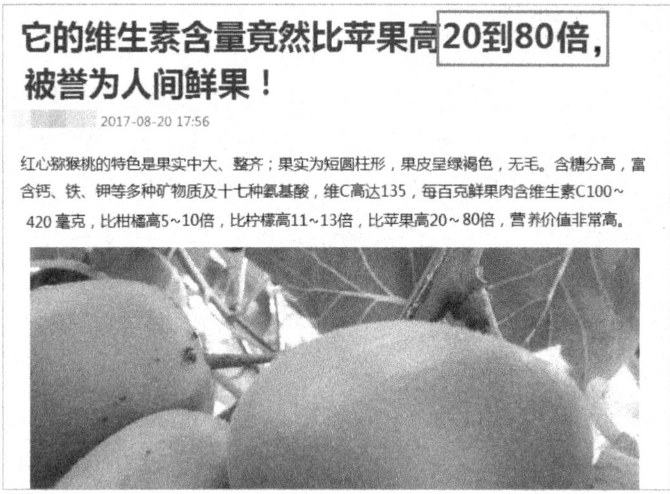

它的维生素含量竟然比苹果高20到80倍，被誉为人间鲜果！

2017-08-20 17:56

红心猕猴桃的特色是果实中大、整齐；果实为短圆柱形，果皮呈绿褐色，无毛。含糖分高，富含钙、铁、钾等多种矿物质及十七种氨基酸，维C高达135，每百克鲜果肉含维生素C100~420 毫克，比柑橘高5~10倍，比柠檬高11~13倍，比苹果高20~80倍，营养价值非常高。

（3）

▲图 7-14 带有“倍”字的文案标题

解析

图 7-14 所示的是在新媒体文案标题中带有“倍”字的案例。在这些案例中，凡是涉及“倍”这一表示程度的字眼，都是有比较对象的。因为成倍的增长是很大的，所以人们才会关注。《【收纳】不花一分钱，衣柜也能瞬间大 1 倍！》所讲的是和原来的空间相比较，大 1 倍还不用花钱的方法。《比冰箱管用 10 倍的保鲜方法，×× 都不知道！》和《它的维生素含量竟然比苹果高 20 到 80 倍，被誉为人间鲜果！》这两个标题当中所涉及的倍数就更大了，在带给读者震惊的同时也会让读者对文章内容产生兴趣。

第 8 章

提问型：9 个要点，巧妙调动好奇心

学前提示 >>>

新媒体文案若采用提问式的标题，则可以很好地调动读者的好奇心，增加文章阅读量。

本章将从如何打造提问型标题的思路出发，重点介绍9种打造新媒体爆款标题的方法。

要点展示 >>>

◆ 疑问式标题
◆ “如何”体标题
◆ 反问式标题
◆ 题文相符
◆ 选准角度
◆ 注意提炼
◆ 注重创新
◆ 从用户角度设问
◆ 反问语气要干脆

068 疑问式标题

“疑问句”是询问某一问题的句式，疑问句的种类有很多，在日常生活中的使用十分普遍。疑问句的种类如图 8-1 所示。

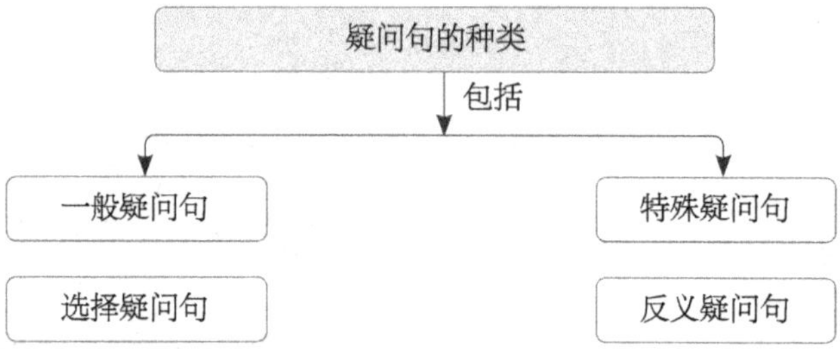

▲图 8-1 疑问句的种类

新媒体文案采用疑问式标题的效果主要表现在以下两个方面。

一方面，疑问句中所涉及的话题大多和读者联系比较密切，这使标题和读者的关系也更紧密，因此，读者愿意去看文章内容。

另一方面，疑问句本身就能够引起读者的注意。用疑问式标题激起读者的好奇心，从而吸引读者查看全文。

例如，《你知道蜂蜜不能用开水冲泡吗？》《夏季来临，待在空调房里的你得“空调病”了吗？》《你知道“呼作白玉盘”里的“白玉盘”是什么吗？》等标题都采用了疑问句式。

疑问式标题有一些比较固定的句式，例如“你知道……吗？”“你是否……呢？”“你有……的经历吗？”等。它通常都是列出一种现象或者某一事件，让读者来反观自身是否有与标题所说的情况。读者在产生了疑问或产生了好奇心之后，就会到文章内容当中寻找答案，消除疑虑。所以，新媒体文案采用疑问式的标题，会让读者参与到问题中来，相关案例如图 8-2 所示。

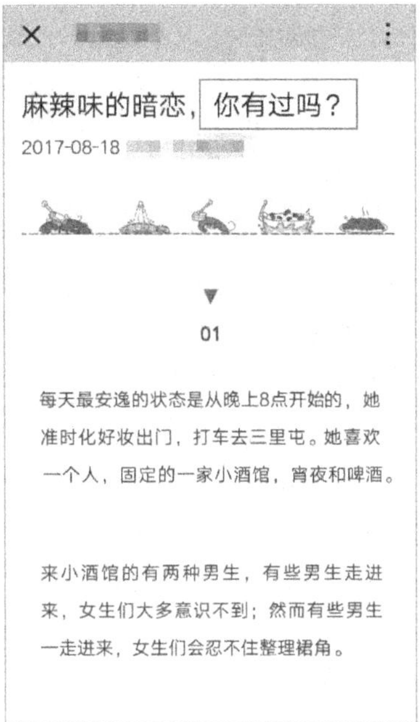

麻辣味的暗恋，你有过吗？

2017-08-18

01

每天最安逸的状态是从晚上8点开始的，她准时化好妆出门，打车去三里屯。她喜欢一个人，固定的一家小酒馆，宵夜和啤酒。

来小酒馆的有两种男生，有些男生走进来，女生们大多意识不到；然而有些男生一走进来，女生们会忍不住整理裙角。

（1）

新“四大发明”出炉，你知道是什么吗？

2017-08-24

说起古代的四大发明，这不稀奇，但是说到当今的“四大发明”你知道有哪些吗？我们来看看外国人对中国这新“四大发明”的感受如何。

卖煎饼的阿姨都有移动支付

不知道你们有没有这种感觉，是不是现在支

（2）

加盟　店两大误区你中招了吗？

2017-08-24 10:35

人都有一个想法，如果一件事没有接触过看起来很容易就觉得这个简单，或者觉得自己是新手太难了不适合自己……确实是这样，正在考虑　行业的人都有这种误区，这里作为　小编，给大家说一下开　**加盟店**的几大误区。

1．认为　加盟店有总部支持很轻松。很多人有这样一个误区，自己开奶茶店了解过各方面都要自己来觉得很累，加盟以后很容易，这肯定是不可能的，加盟是可以给你带来很多方便之处，但是　店的经营还是要靠自己的。　**总部**旗下门店众多，提供的只是经营方法，具体的实际操作都是需要你自己在门店实施的。

（3）

▲图 8-2 疑问式文案标题

解析

图 8-2 所示的是新媒体文案用疑问式标题的案例。《麻辣味的暗恋，你有过吗？》是典型的疑问式标题，其所提到的“麻辣味的暗恋”对大部分读者来说是一个十分新鲜的说法，所以很多读者会觉得很好奇，对“麻辣味的暗恋”到底是什么产生疑问，从而就会点击文章阅读了。

《新“四大发明”出炉，你知道是什么吗？》这一疑问式标题，所用到的就是常见的疑问句式“你知道……吗？”。这类标题中所提及的多是大部分人都不知道或是不了解的事物，例如这一案例里面的“新‘四大发明’”。人们在看到这样的标题时，就会产生新鲜感和好奇心，进而点击文章。

《加盟 ×× 店两大误区你中招了吗？》这一标题采用的是近几年才开始在文案标题中频繁出现的疑问句式。“……你中招了吗？”这一疑问句里面所提及的问题是很多人都没有注意到或是容易忽略的，例如这一文案标题里面所谓的“误区”，就是很多加盟“×× 店”的人经常忽略或者根本就没有注意到的事情。这样的标题所涉及的对象往往是特定的群体，大多是有这一加盟意向或是这一行业里面的人。

新媒体文案的标题采用疑问句式的目的都是用疑问引起读者的注意，而文案所涉及的事物也是人们日常生活中经常遇到但同时又容易忽略的。

069 “如何”体标题

“如何”的意思就是采用怎样的方式和方法。“如何”一词放在新媒体文案的标题中能达到帮助读者解答某一疑惑或解决某一问题的效果。这类“如何”体标题所涉及的内容大多是人们生活中遇到的困难，或者是能够方便人们生活的小技巧。

“如何”体标题很常见，例如，《如何将红配绿穿出时尚感？》《我们该如何在这个快节奏的社会中找到放慢一点的生活？》等都是“如何”体标题。这些文案标题所涉及的都是很多人会遇到的问题或困扰，针对的读者范围很广。

采用“如何”体来写新媒体文案标题是有一定优势的。一般情况下我们在看到解决某一事情的方法和技巧时，不管自己是否存在这样的问题，都会有想要学习解决办法的想法。用“如何”体撰写文案标题的案例如图 8-3 所示。

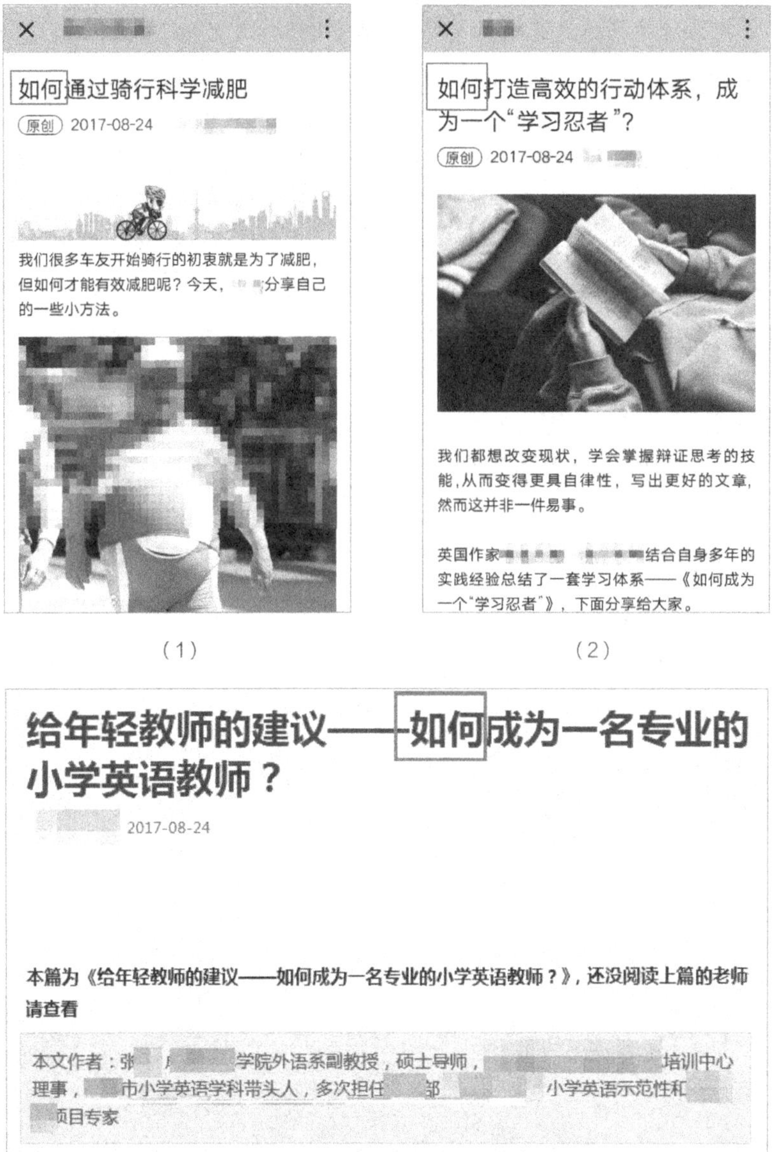
如何通过骑行科学减肥
原创 2017-08-24
我们很多车友开始骑行的初衷就是为了减肥，但如何才能有效减肥呢？今天，分享自己的一些小方法。
（1）
如何打造高效的行动体系，成为一个"学习忍者"？
原创 2017-08-24
我们都想改变现状，学会掌握辩证思考的技能，从而变得更具自律性，写出更好的文章，然而这并非一件易事。
英国作家结合自身多年的实践经验总结了一套学习体系——《如何成为一个"学习忍者"》，下面分享给大家。
（2）
给年轻教师的建议——如何成为一名专业的小学英语教师？
2017-08-24
本篇为《给年轻教师的建议——如何成为一名专业的小学英语教师？》，还没阅读上篇的老师请查看
本文作者：张 学院外语系副教授，硕士导师， 培训中心理事， 市小学英语学科带头人，多次担任 部 小学英语示范性和 项目专家
（3）

▲图 8-3 "如何"体文案标题

解析

图 8-3 所示的是用“如何”体撰写新媒体文案标题的案例，从中可以看出“如何”体文案标题的特点。

《如何通过骑行科学减肥》这一文案标题所针对的人群是比较广泛的，尤其是正在被肥胖所困扰或者想要减肥的人群。另外，“科学减肥”给读者的感觉就是对身体无害的减肥方法，像这种文案标题就很容易吸引读者。

《如何打造高效的行动体系，成为一个“学习忍者”？》这一文案标题所针对的就是想要在学习上找到更好的方法，或者是想让学业更加精进的人。这样的文案标题能吸引这方面的读者。

《给年轻教师的建议——如何成为一名专业的小学英语教师？》这一文案标题所讲的“如何”也是解决问题的方式方法，只是这一文案标题所针对的读者更加具体，也更小众化。

070 反问式标题

“反问句”是集问题和答案于一身的特殊句式，反问句的提出并不是为了得到答案，而是在于加强语气。将这样的句式运用到新媒体文案的标题写作当中，也能起到加强标题语气的作用。例如，《你难道不应该去读一下这本书吗？》的言外之意就是你应该去读一下这本书；又或者《你怎么能这样做呢？》这一反问句的意思其实就是“你不能这样做”。反问句常见的句式也比较多，如图 8-4 所示。

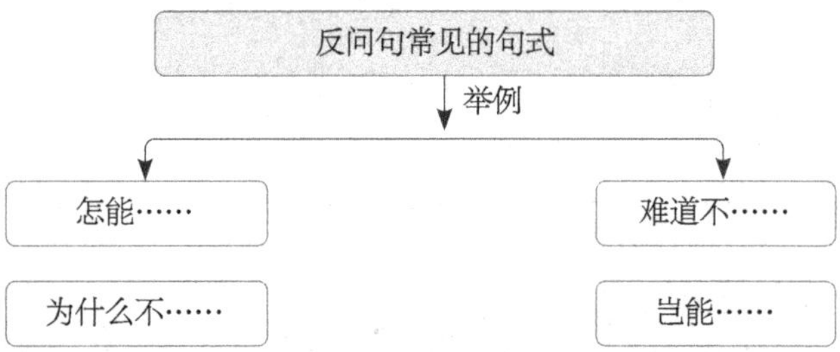

▲图 8-4 反问句常见的句式

反问句常用的句式大多是否定疑问句，也就是疑问词加否定词，既然是否定疑问，那就是肯定了。新媒体文案的标题使用这一句式时，也能代表作者的一种观点和态度。

从语气上来说，反问式的新媒体文案标题有强调的作用和效果。正因为有了强调的作用，这样的文案标题能在第一时间给读者带去一种提醒或警示的作用。当读者关注到这一问题时，就会查看文章的详细内容，相关案例如图 8-5 所示。

（1）

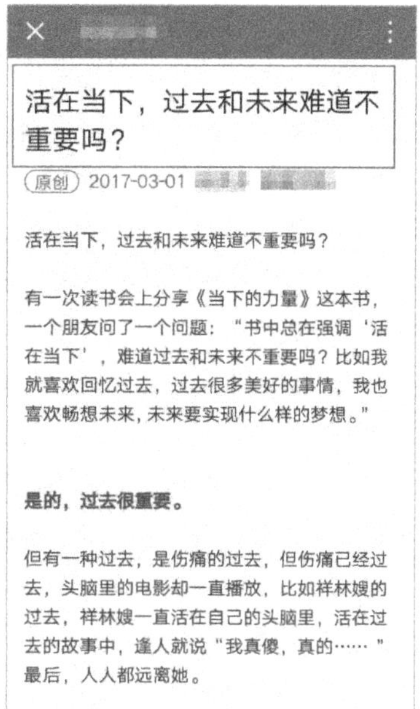

（2）

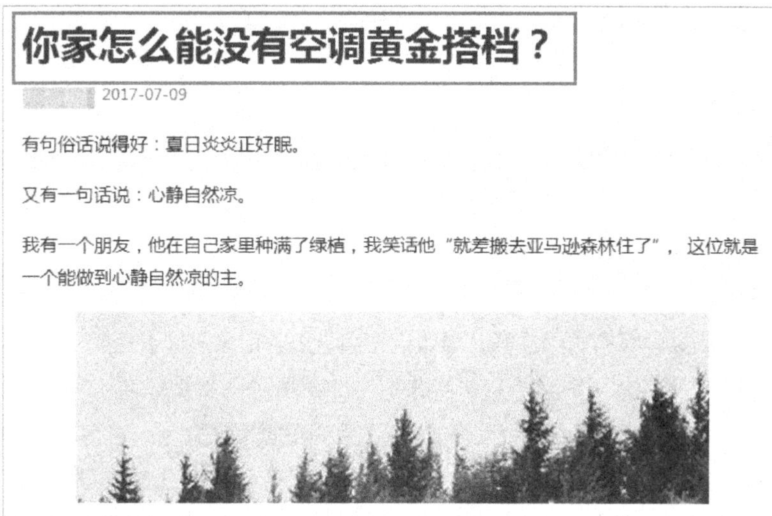

（3）

▲图 8-5 反问式文案标题

解析

图 8-5 所示的是新媒体文案标题采用反问句的案例。这些标题都是用反问句式表达了肯定的语气。

《读过〈弟子规〉，岂能错过“父母规”？》这一文案标题就用到了“岂能……”这一反问句式再加上“父母规”这个大部分人都没有听说过的新鲜事物，更易引起读者的注意。

《活在当下，过去和未来难道不重要吗？》这一文案标题所用到的反问句式就是“难道不……”，所提到的内容也是最近这些年人们经常说的“活在当下”。用反问句式使作者要表明的态度更加明确，即“未来和过去同样重要”。

《你家怎么能没有空调黄金搭档？》这一文案标题所用到的反问句式就是“怎么能……”，加强了标题的语气。言下之意就是，你家应该有空调黄金搭档。这一标题还有除了字面以外的其他意思，就是“别人家都有了，你家不能没有”。这也在一定程度上刺激了读者想要看看这所谓的“空调黄金搭档”到底是什么。

在新媒体文案的标题当中采用反问句式，能大大加强标题的语气。这样的强调语气更能引起读者的注意和兴趣，从而提高文章的关注度。

071 题文相符

所谓“问题相符”就是文案标题所提的问题要和文章内容相符，简而言之就是“题文相符”，要保证文案标题和文案内容是有关联的，切不可为了吸引读者而使用过度夸张的标题。

为了夸大标题的影响力，有些新媒体营销人员一味地在标题上下功夫，甚至纯粹为了提高标题吸引力而提问，导致读者点进去之后才发现被标题“欺骗”了。

新媒体文案的标题写作十分讲究技巧，如果提问型文案标题和文案内容完全没有联系，读者即使被标题吸引点进去了，也会在后续阅读文案内容时发现“问题”。这样一来，就会影响读者的阅读体验，使现有的读者不再关注这一品牌或产品。

新媒体文案作者在撰写文案标题时，一定要注意提问型标题和文案内容的关联，切忌文不对题。在日常生活中，我们见到的大部分文案标题和文章内容都是相符的，如图 8-6 所示。

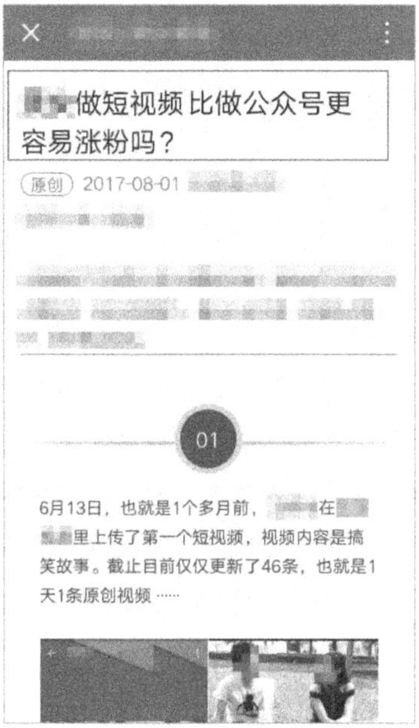

做短视频 比做公众号更容易涨粉吗？

原创 2017-08-01

01

6月13日，也就是1个多月前，在里上传了第一个短视频，视频内容是搞笑故事。截止目前仅仅更新了46条，也就是1天1条原创视频……

（1）

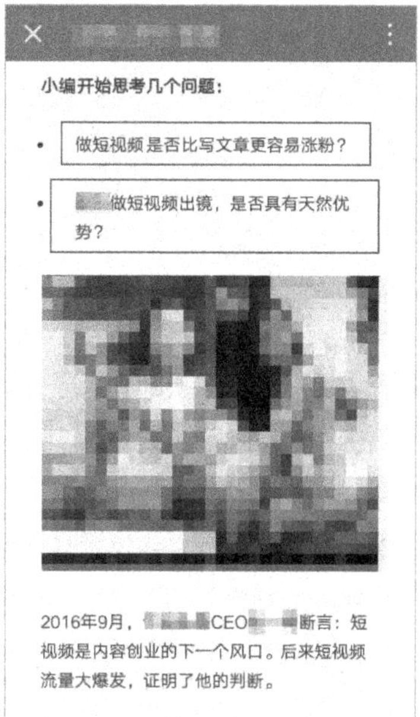

小编开始思考几个问题：

- 做短视频是否比写文章更容易涨粉？
- 做短视频出镜，是否具有天然优势？

2016年9月，CEO断言：短视频是内容创业的下一个风口。后来短视频流量大爆发，证明了他的判断。

（2）

外卖之后，餐饮排队能否成餐饮业下一个风口？

| 2017-08-25 14:04 | 阅读：

日前收购，与正式进入双寡头时代成为餐饮行业的热点。正在大家热议外卖成为餐饮行业最大风口时，餐饮类排队APP相继获得融资，并且开始大范围进入人们的视野。

从2014年开始，先是获5 000万元投资；随后又以千万美元投资了下单服务商优先点菜；再之后又宣布投资餐饮管理服务商占股超过10%；也获得的5亿元轮融资……

（3）

▲图 8-6 题文相符的文案

解析

图 8-6 所示的是标题中提出的问题和内容相符的案例。

从《做短视频比做公众号更容易涨粉吗？》这一提问式文案标题中，读者能够看出来的是，做短视频是否比做公众号在涨粉方面更有优势？点开文章之后，会发现文章内容是以一个比较典型的做短视频涨粉速度的案例来说明问题，通篇围绕做短视频的优势和劣势来阐明作者的观点。因此，这一文案标题所提的问题与文案的内容是相符的。

从《外卖之后，餐饮排队能否成餐饮业下一个风口？》这一文案标题中，可以看出这是对“餐饮排队”这一新兴产业未来发展前景的一个预判。文章内容通过对各大外卖企业的现状评论，以及对各大刚刚兴起的“餐饮排队”企业的预见性论述，向读者展示了如今“餐饮排队”开始迅速崛起的现象。可见，这一文案标题所提出的问题与文章内容所分析和回答的问题是一致的。

除了文案标题与文案内容相符的情况外，还有一种文不对题的“标题党”。“标题党”所写的提问式文案标题的目的在于吸引读者点击阅读，而点击之后，读者是否能读到与文案标题问题相符的文章，就不一定了。

“标题党”所写的提问式标题也会用很多固定模式的词语，如“震惊”“惊呆”“沉默”等。像这种问题与文案内容完全不符且一味夸大胡编乱造的标题，不仅格调不高，还会破坏读者的阅读体验，进而使读者排斥这类标题的文章。作者在写新媒体文案标题时一定要避免做“标题党”，所拟标题一定要与文章内容相符，格调要高。

072 选准角度

新媒体文案作者撰写文案其实是在描述一个事件或者表达一个观点。一个事件的描述方法可以是多方面的，从不同的角度看问题就会有不一样的观点。

当新媒体文案作者面对同一个事件时，除了要进行正确说明和正确的价值观引导该事件之外，如果能选择一个新颖的角度，用与常人不同的方式来看待这一事件或发表观点，也会让自己的文案变得惊艳。这就要求作者在撰写新媒体文案标题时要选好角度，做到出其不意。

当然，这里所说的角度是指针对这一事件或者观点的某一角度。例如，对于“某人在游乐场夹娃娃每一次都夹到”这一事件来说，作者可以从“夹娃娃机的机器设计”方面来评论这件事，也可以从“夹娃娃的攻略”这样的角度来写。对于同一件事，不同的人看到的角度是不一样的，而作为新媒体文案的作者，其看的角度就要比普通人看的角度多才行。

对于提问型的文案标题来说，作者更应该找好问题的角度，从不同的角度去看待问题和提出问题，给读者一种新奇感。提问型标题更多的是向读者提问，通过提问让读者参与到这一文案的阅读中来。

文案标题中的提问方式可以分为两种。一种是作者自己向自己提问，其实多是阐明作者自己的观点。例如，《为什么我会觉得这部电视剧格调很高？》就是选取了某电视剧的“格调”这一角度来阐明作者自己的观点。还有一种就是向读者提问。例如，《为什么说〈红楼梦〉后四十回不管是谁来写，林黛玉和贾宝玉都不能在一起？》这一文案标题就是从名著《红楼梦》中林黛玉和贾宝玉爱情悲剧的根源这一角度说起的。

从不同的角度进行提问，才能成功地吸引读者的关注，相关案例如图 8-7 所示。

文学为什么抓不住这个时代？

2017-03-20 16:23

：刚才几位的观点都点到了当下文学创作等方面的要害。那么，在你们看来，当下的文学创作应该向哪个方向用力，才能更好地抓住时代呢？

文学固然有着自己独特的发展规律，文学创作的方向性是文学自身发展的路径，而不是相反。在新媒体时代，文学发展的路径和方向是多元的，但是文学写作的变革和新技术有着天然的互为因果关系，一如竹木简、雕版印刷、活字印刷乃至电脑技术这些文字载体变化所带来的文化乃至文明的转型。当代文学写作（尤其是纸媒写作）背后悬置着信息革命的宏大技术

（1）

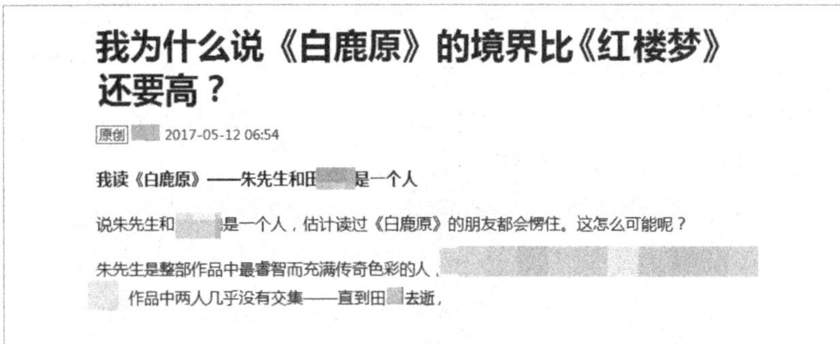

我为什么说《白鹿原》的境界比《红楼梦》还要高？

原创 2017-05-12 06:54

我读《白鹿原》——朱先生和田 是一个人

说朱先生和 是一个人，估计读过《白鹿原》的朋友都会愣住。这怎么可能呢？

朱先生是整部作品中最睿智而充满传奇色彩的人，

作品中两人几乎没有交集——直到田 去逝，

（2）

▲图 8-7 选准角度的提问型文案标题

解析

图 8-7 所示的是选准了角度的标题案例。在《文学为什么抓不住这个时代？》这一标题当中，作者所选取的就是从文学这一角度来讨论这个时代的发展。标题所提问的角度也是“文学”，这一角度的问题针对的读者大多是“文艺人”，更容易引起对文学充满热情的读者的注意。

《我为什么说〈白鹿原〉的境界比〈红楼梦〉还要高？》这一文案标题其实就是作者在阐明自己的观点，从《白鹿原》和《红楼梦》的“境界”对比这一角度来向读者提问，同时也是在说明作者自己的视角和观念。

对于提问型标题来说，选取问题的角度十分重要。从一个特别的角度所提出的问题，不仅能给读者一个好的印象，还能让读者积极参与，只有作者和读者之间有了互动，这篇新媒体文案的标题才是成功的。

073 注意提炼

“提炼”从文学角度来说是一个“取其精华”的过程，即将重要的、突出的、精华的部分单独提取出来。对新媒体文案的标题写作来说，“提炼”就是将文案内容的重点提取出来，就相当于归纳文章的中心思想。

在新媒体文案提问式标题的写作上，提炼是十分必要的。提问式标题就相当于作者在向读者提出问题。这个问题不管是想让读者来回答，还是只想让读者在文案内容里面寻找答案，都是需要提炼重点的。提问式标题所提炼的内容是有一定方向的，如图 8-8 所示。

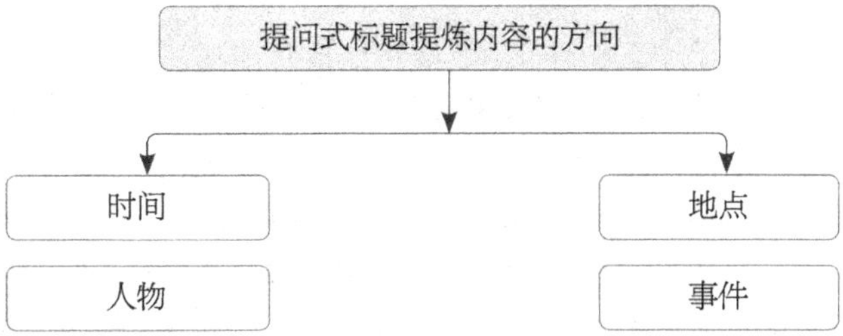

▲图 8-8 提问式标题提炼内容的方向

新闻类标题十分注重提炼，使其直接简单，让人一眼就能看出所报道事件的大致内容。而提问式的新媒体文案标题也更需要注意措辞和表达方式。在提炼文案内容重点时，也要注意不能照搬别人的文案标题，相关案例如图 8-9 所示。

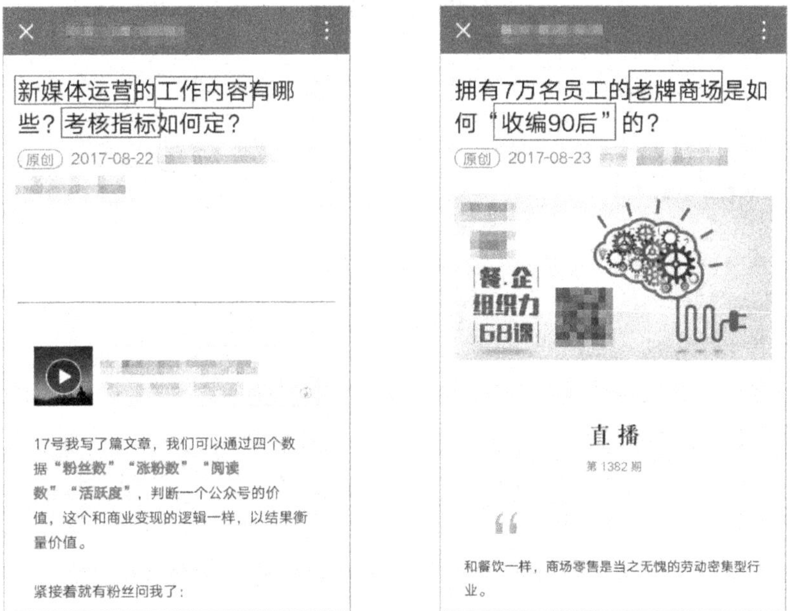

（1） （2）

▲图 8-9 提问式文案标题要注意提炼

解析

图 8-9 所示的是提问式标题提炼文案重点内容的案例。通过这些案例可以看出，所谓的标题提炼，就是将文章内容中重要的、核心的部分在标题当中体现出来。

《新媒体运营的工作内容有哪些？考核指标如何定？》这一文案标题当中，“新媒体运营”“工作内容”“考核指标”这 3 个要素就是这篇文案所讲的主要内容，将其提炼出来体现在标题中，有利于读者大致了解文章内容，从而选择是否阅读。

《拥有 7 万名员工的老牌商场是如何“收编 90 后”的？》这一标题所提炼出来的内容重点在于这家“商场”的性质和它“收编 90 后”这一事件。“收编”的方式则以问题的形式展现在读者面前。读者在看到这一标题时，就会了解文章内容，之后也会想看看“90 后”到底是如何被“收编”的，从而也就激起了读者的兴趣。

074 注重创新

在新媒体文案的标题写作上，要注意创新和突破。

提问式的句型往往无法做出过多创新，但文案作者可以尝试在提问的技巧和方式上寻找创新和突破。

创新型的提问式标题会让读者有焕然一新的感觉。不同于一般的提问句，注重提问技巧的文案标题会让读者更愿意点击文章查看内容。

例如，一篇关于“不吃早餐会引发一系列健康问题”的文案，提问式的标题可以是《知道吗，不吃早餐会生病？》，但这样的提问式标题显然不能带给读者新鲜感和震惊感，如果换一种说法，例如《为什么一顿小小的早餐，竟能让我进了医院？》，则会让读者感到震惊。所以，新媒体文案的标题，特别是提问式的标题，一定要注意提问的技巧，所提的问题要足以引起读者注意，相关案例如图 8-10 所示。

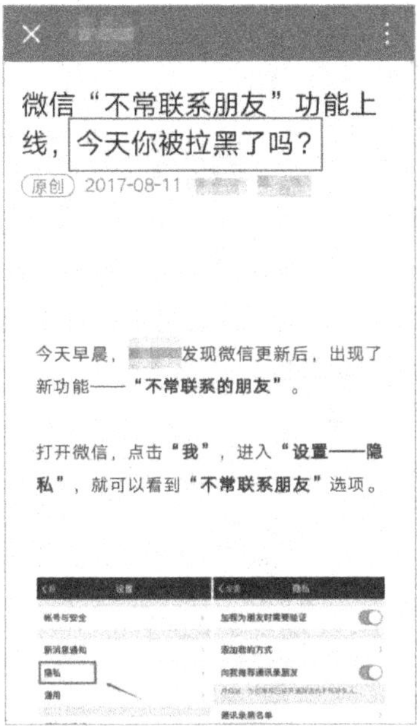

（1）

（2）

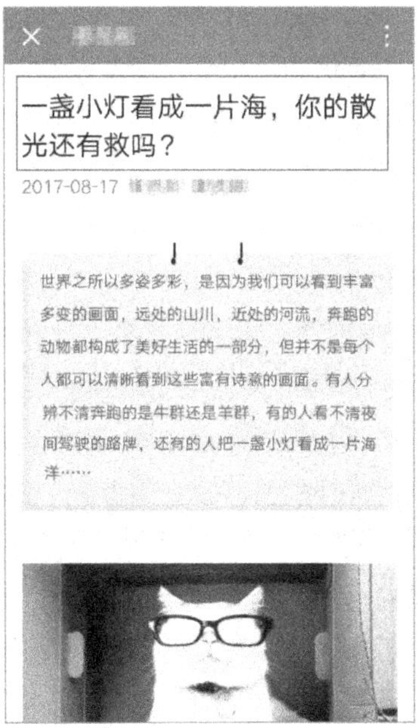

（3）

▲图 8-10 注重创新的提问式文案标题

解析

图 8-10 所示的是注重创新的提问式标题案例。它们都是通过比较特别的提问方式和元素来达到让文案标题别具一格的效果。

《微信“不常联系朋友”功能上线，今天你被拉黑了吗？》这一标题的创新之处在于“今天你被拉黑了吗？”这句话。这句话不仅体现了微信这一新功能的作用，还用一种比较诙谐的问题引起读者的注意。

《不甜的甜点“吃到饱”，是怎样一种体验？》这一标题的创新则体现在“不甜的甜点”上。在一般人的印象里，“甜点”大多是甜的，不甜的“甜点”而且还要“吃到饱”，本身就足以引起读者的注意了，而再询问读者“是什么体验？”，自然就会吸引读者探究这“甜点”了。

《一盏小灯看成一片海，你的散光还有救吗？》这一标题的创新之处在于“你的散光还有救吗？”这一问题上。以“散光还有救吗？”这一问题来吸引有这方面问题的读者，让读者点开文章查看是否有解决散光的方法。

075 从用户角度设问

“顾客就是上帝”，对新媒体文案来说，读者就是“上帝”。一篇新媒体文案写出来如果没有读者阅读，那这篇文案也就失去了它的存在价值。

新媒体文案的作者在撰写文案标题时，要注意拉近与读者之间的距离，让读者愿意参与到文章阅读当中去。这样才能让这一篇文案有阅读量，文案也才能体现出它的价值。

那么，新媒体文案的作者在标题设置上应该如何拉近与读者之间的距离呢？具体说来，主要有以下几种方法。

- ◆ 所写内容多涉及读者身边所发生的事情。
- ◆ 所写内容多涉及人们所关注和感兴趣的事情。
- ◆ 所写内容中提及的问题多站在用户的角度去考虑。

可见，提问式文案标题要想拉近与读者的距离，除了引入读者关注的事情或读者身边发生的事情以外，还要站在读者的角度去提问。

站在读者的角度所提的问题要符合读者的立场，不能让读者觉得这件事情与其自身没有多大关系。也就是说，要涉及读者关注的事情。

相关案例如图 8-11 所示。

▲图 8-11 从用户角度设问的文案标题

解析

图8-11所示的是从用户角度设问的文案标题案例。几则案例偏重的方向有些许不同，其中《为什么你的餐饮营销花钱却不起作用？》这则文案标题是作者从经营者的角度出发来提问的。

而《我辛辛苦苦开店，凭什么却不敌那些“快招公司”赚钱？》这一文案标题，则是以用户的口吻来进行提问的，作者是以读者的立场在写这篇文案。

076 反问语气要干脆

“反问式”新媒体文案标题就是“明知故问”的一种提问式标题。反问句比陈述句更具有强调性，它通过问句的形式能让读者反思或发现文案标题所提及的一些问题。

撰写“反问式”标题要求提问方式尽量简洁明了，反问语气要干脆，不拖泥带水，提及重点。在撰写反问式文案标题时，更要注意标题字数的限制。

“反问式”文案标题提问的语气之所以要干脆，是为了让读者在看到标题时就能明白作者想要问的重点，从而阅读相关文章并关注账号，相关案例如图8-12所示。

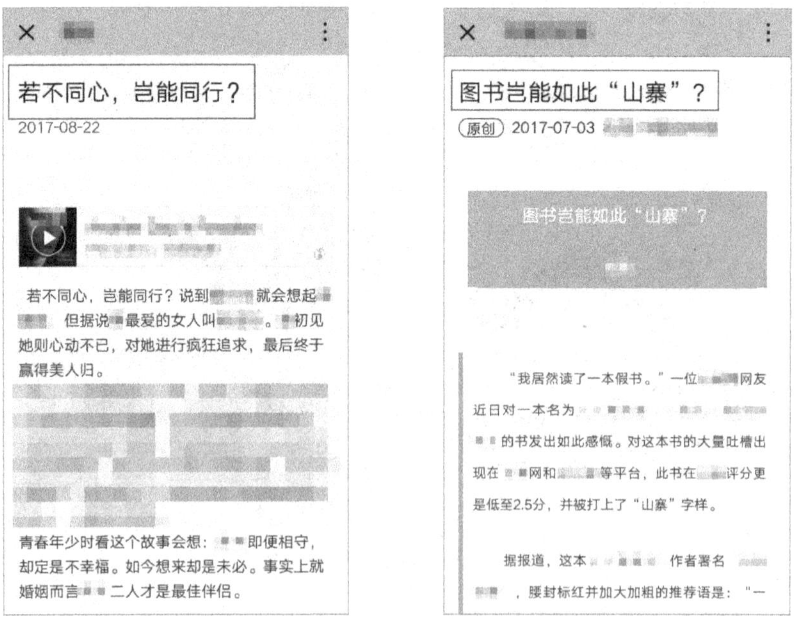

（1）　　（2）

客厅设计怎能将就？

2015-07-16 19:42

客厅的功能性和实用性都决定了它的设计不能将就，只有客厅设计的好，才能让你的家显得更加舒适，而客厅设计的好，也可以让你

（3）

▲图 8-12 语气干脆的反问式文案标题

解析

图 8-12 所示的是反问语气十分干脆的新媒体文案标题案例。

《若不同心，岂能同行？》这一文案标题的语气十分坚决、不拖泥带水，虽是问句，却让人不能质疑。

《图书岂能如此“山寨”？》这一文案标题的意思也很简单明确，意思就是“图书不能山寨！”当读者看到这样的文案标题时，就能感受到作者写这篇文章时的“气愤”。

《客厅设计怎能将就？》这一文案标题的反问语气也很干脆，就是告诉读者“客厅的设计不能将就”，从而引起读者的关注。

第 9 章

语言型：9 种方法，提升标题创意

学前提示 >>>

新媒体文案的标题要注重语言的恰当运用，只有语言运用得当，才能吸引读者的目光。

本章将从文案标题的语言形式出发，重点介绍9种打造语言型新媒体爆款标题的方法。

要点展示 >>>

- 比喻式：注意适用性和元素齐全性
- 拟人式：让产品具有人的情感思维
- 对偶式：形式整齐，内容相互映衬
- 谐音式：一语双关，突显品牌主题
- 幽默式：语句充满智慧和想象力
- 历史不能虚构
- 选择合适的典故
- 不能生搬硬套
- 引用方式多样

077 比喻式：注意适用性和元素齐全性

何为比喻？比喻是一种修辞手法。就是用与 A 有相似之处或共同点的 B 来形容 A，从而达到让人们认识或感受 A 的目的。文学中所讲的比喻有很多不同的类型，如图 9-1 所示。

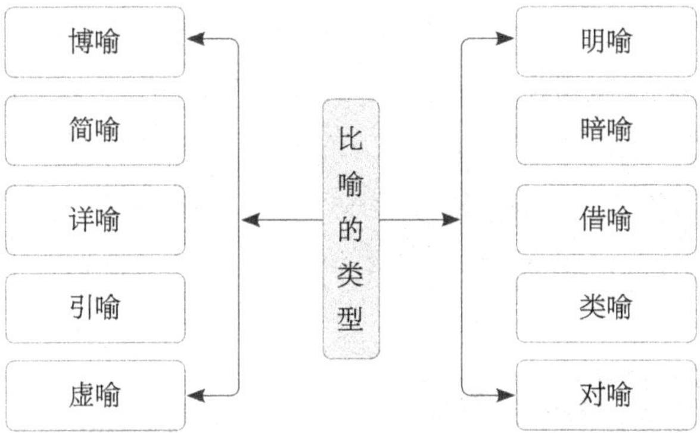

▲图 9-1 比喻的类型

比喻有其最基本的要素，缺了这些基本要素，这个句子就不能被称为比喻句了。比喻的基本要素如图 9-2 所示。

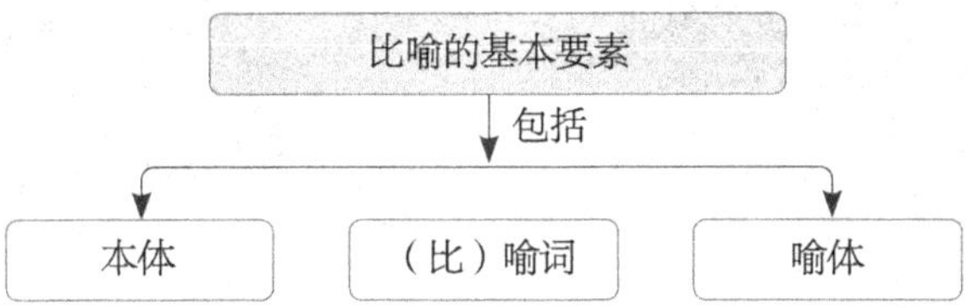

▲图 9-2 比喻的基本要素

比喻的种类看似很多，但在日常生活中经常用到的一般有 3 种：明喻、暗喻、借喻。

（1）明喻又叫直喻，是比喻的一种，指明显地用另外的事物来比拟某事物，例如“像……”“如……”“仿佛……”等，这一类句式十分简单，也是最常见的比喻。

（2）暗喻又叫隐喻，指在一个比喻句中，出现的比喻词不常见，而是使用“是……”“成了……”等词汇，例如“这一刻，我在草原上奔跑，于是，我也成了那头敏捷的小鹿”，这里面的“成了”就是喻词，把“我”比作“小鹿”。

（3）借喻，相对其他种类的比喻来说，是比较高级的比喻形式。它的句子成分看不出明显的本体、喻体和喻词，而是通过本体和喻体及其亲密联系来达到比喻的效果，例如“那星光，也碎做泡沫，在海中散开”。

新媒体文案的“比喻式”标题所用到的比喻技巧，无需像文学作品中那样精致巧妙。新媒体文案标题中的比喻重在让读者看懂、感兴趣，进而查看全文。这也是新媒体文案标题写作和文学写作的区别。

新媒体文案的“比喻式”标题可以让读者在看到标题后对文案标题所涉及的内容有豁然开朗的感觉。用这一修辞技巧也是要给读者制造不一样的阅读感受，为读者的阅读增加一些乐趣。在写“比喻式”标题时要注意比喻是否适合这篇文章的内容，还要注意比喻元素的齐全性。比喻式文案标题案例如图 9-3 所示。

（1）　　　　（2）

▲图 9-3 比喻式文案标题

解析

图 9-3 所示的是“比喻式”的新媒体文案标题案例。

《学习杨 ××，像一棵树自由生长》这一文案标题使用的是明喻，因为带有“像”这个喻词。这一标题的本体是杨 ××，或者是所有人，喻体就是树。作者想要表达的是人应该有的一种生活状态——自由自在。将人生的成长和生活状态以一棵树的形态来表达，更能让读者领会什么是“自由生长”——就像一棵树一样。这样一来，读者便会对文案标题里所提到的东西有一个更为直观的感受。

《你活得像牛、像猴子还是像什么？》这一文案标题也是比喻式的，只不过它是以问句的形式在向读者提问。这一文案标题的本体就是“你”，喻词就是“像”，而喻体则是“牛、猴子”两者所代表的某种生活状态，用“牛、猴子”这两种动物来形容，能很直观地展现出一个人的生活状态或心理状态。

078 拟人式：让产品具有人的情感思维

拟人是将“非人”的事物人格化，使它们具有人的特点，例如具有人的感情、人的动作、人的思想等。拟人是文学上的一种修辞手法，将本不是人的事物喻成像人一样，如图 9-4 所示。

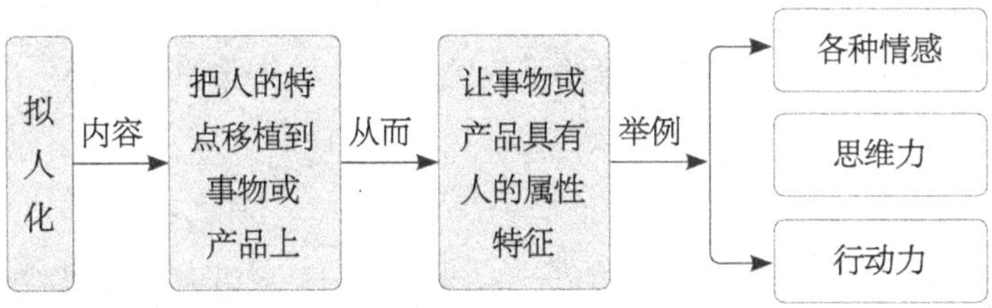

▲图 9-4 拟人化解读

从文学层面来说，运用拟人的写作手法可以让描写的事物更加生动、直观和具体，也能让读者感觉更亲切。基于此，把拟人这一修辞手法运用在新媒体文案的标题撰写上不失为一种好的创作方法。总的说来，拟人式的标题具有其他标题类型所不具备的优势，如图 9-5 所示。

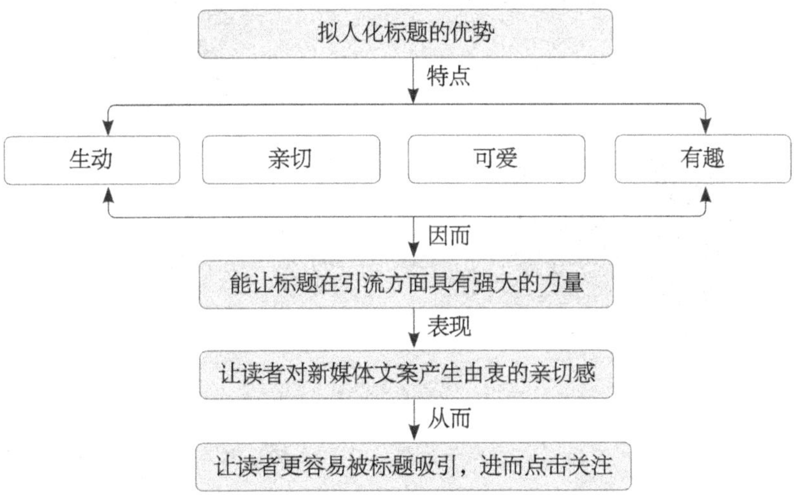

▲图 9-5 拟人化标题的优势分析

“拟人”这一修辞手法在写作过程中还分为不同种类，所以要注意根据不同情况来对所写内容进行“拟人化”。“拟人”手法的分类如图 9-6 所示。

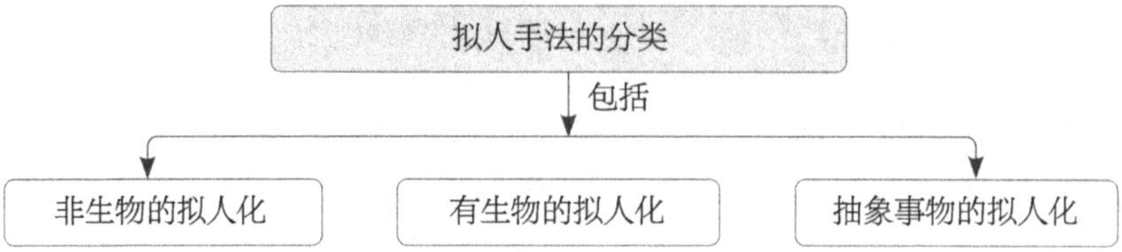

▲图 9-6 拟人手法的分类

“非生物的拟人化”就是将原本没有生命的事物进行拟人化表述，如图 9-7 所示。

（1）　　　　（2）

▲图 9-7 “非生物的拟人化”文案标题

解析

图 9-7 所示的是“非生物的拟人化”文案标题案例。这两则标题都是将原本没有生命的事物赋予人所拥有的特征。例如，《持续高温，玻璃都发怒了！》这一标题就将没有生命的玻璃赋予了“发怒”这个人才有的能力，让标题看上去生动有趣；《怎么有这么会疼人的纸巾！》这一文案标题是将没有生命的纸巾赋予了人拥有的能力——“疼人”，这一拟人化标题会让读者在看到之后产生兴趣，想要看看这能“疼人”的纸巾到底是什么，进而提升文章的阅读量。

“有生物的拟人化”是指将原本就有生命的事物赋予人才有的情感能力等。这里有生命的事物大多是指动物，相关案例如图 9-8 所示。

狗狗“奉命”在家照顾小主人，结果满脸委屈

原创 2017-07-05 21:56

狗狗一脸严肃地坐在小主人的对面，照顾小主人这么神圣的事情可一点都不能马虎。这只胖胖的狗狗伸直了趴在小主人旁边。哎，狗狗你这个架势是不是准备时刻执行小主人的命令啊？

（1）

大熊猫现在都靠卖萌吃饭了 这专业摆拍是练过的吧

原创 2017-08-23 08:49

在大熊猫保护基地拍摄的熊猫合影萌翻网友。

这只熊猫除了会自己找镜头，摆造型显脸小外，还会抢自拍杆，镜头感十足。你，把镜头往我这边挪点！

（2）

▲图 9-8 “有生物的拟人化”文案标题

解析

图 9-8 所示的是“有生物的拟人化”的文案标题案例。这两则标题都是把有生命的事物赋予了人的特征。

《狗狗“奉命”在家照顾小主人，结果满脸委屈》这一文案标题是将“狗狗”拟人化了：“奉命”和“照顾”都是人才具有的能力，这里赋予到了狗的身上；“委屈”也是人具有的心理情绪，赋予到狗的身上，会让这一文案标题看上去更加生动有趣，也会让读者产生阅读文章的想法。

《大熊猫现在都靠卖萌吃饭了 这专业摆拍是练过的吧》这一文案标题是将大熊猫拟人化了，“卖萌”和“摆拍”都是形容人的，用在大熊猫身上会让读者觉得这大熊猫特别可爱，从而对文章内容产生兴趣，进而产生点击查看文章内容的想法。

“抽象事物的拟人化”就是将一些看不见或摸不着的东西赋予人的特性，使其更加直观可感。“抽象事物的拟人化”通常是为了让人们更好地理解某一事物，例如思想、观念等。例如，《他的精神指引着我们向前，再向前》这一文案标题就是将抽象的“精神”拟人化了，“指引”也是人才能做的事情。在这里，将“精神”拟人化之后，就是将人才具有的“指引”能力赋予到了“精神”上。

将抽象的事物拟人化的好处就是：化抽象为具体，能够让人更加清楚地感受到某一抽象的事物，能让人更好地理解这一抽象事物。读者看到已经具体化了的事物，就不会觉得这一抽象的事物难以理解了，进而会点击文章进行阅读。

079 对偶式：形式整齐，内容相互映衬

“对偶”也称对仗，指的是字数相等、意义相似、对仗工整的一句话或几句话，最常见的对偶是两句话。这样的句子通常前后联系十分紧密，不可分割。在文学上会经常用到“对偶”句，它的恰当运用能够让句子结构更加富有层次，更有韵味，也更能吸引人的注意。

文学中所说的“对偶”从不同角度可以分为多种类型，如图 9-9 所示。

对偶之所以在很多地方被运用，是因为采用对偶的形式会让句子变得更加凝练精巧，让人读起来朗朗上口。

对偶式标题前后句相互映衬，相互作用，不可分割。一篇新媒体文案的标题采用对偶的形式会让标题具有节奏感强、易记忆等特点，同时，也能让标题更容易传播和推广，从而达到扩大标题影响力的目的。

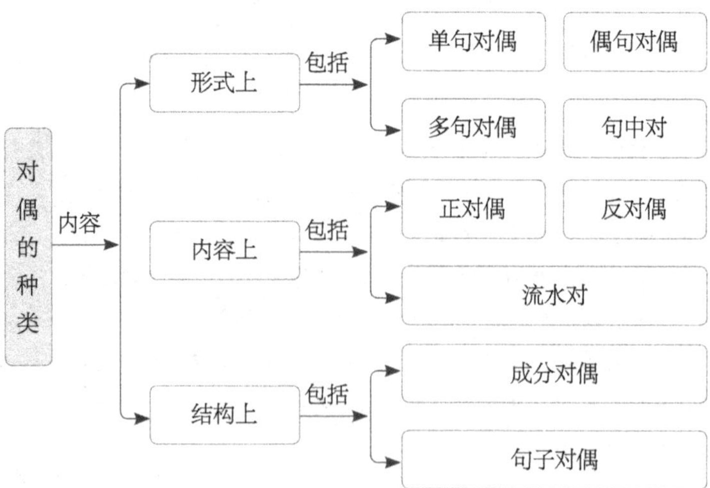

▲图 9-9 对偶的种类

在新媒体文案标题中运用的对偶一般只有两句话。如果句子太长，一方面会受到标题字数的限制，另一方面也会影响读者的阅读体验，容易造成视觉疲劳。所以，“对偶式”新媒体文案的标题最好只有两句，字数也要尽量精简，这样才能让读者有一个比较好的视觉感受和阅读体验，如图9-10所示。

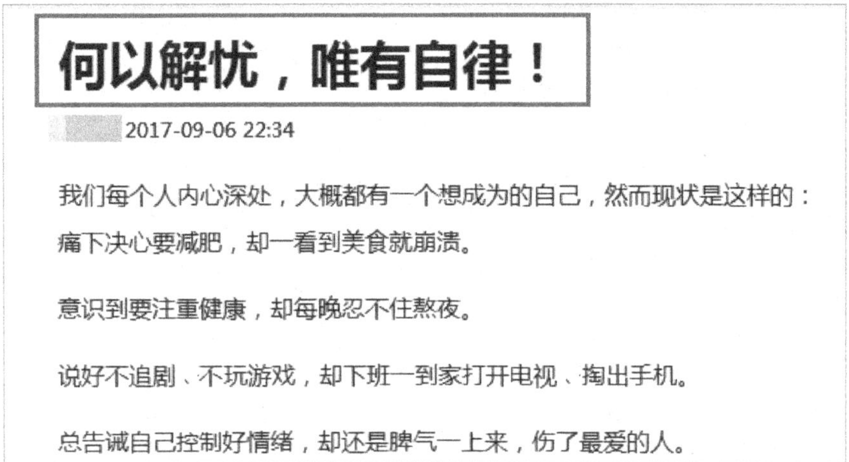

何以解忧，唯有自律！

2017-09-06 22:34

我们每个人内心深处，大概都有一个想成为的自己，然而现状是这样的：

痛下决心要减肥，却一看到美食就崩溃。

意识到要注重健康，却每晚忍不住熬夜。

说好不追剧、不玩游戏，却下班一到家打开电视、掏出手机。

总告诫自己控制好情绪，却还是脾气一上来，伤了最爱的人。

▲图9-10 对偶式文案标题

解析

图9-10所示的是对偶式文案标题的案例。

《何以解忧，唯有自律！》这一对偶式文案标题，前后两句在字数上是相等的，两句话联系也十分紧密，采取自问自答的形式，以“自律”来“解忧”，前后照应。

080 谐音式：一语双关，突显品牌主题

谐音，就是指用同音不同字或者读音相近但意思不同的字或词来形容某一事物的一种修辞手法。它经常被应用于文学作品之中，以达到出其不意的效果。古典名著《红楼梦》就是运用谐音的典型代表，书中大部分人物的名字皆采用谐音，例如，“甄士隐”谐音“真事隐”，“贾雨村”谐音“假语存”，“娇杏”谐音“侥幸”等。谐音手法的运用可以让作品中的人物和故事更具有内涵。

在新媒体文案中，如果采用谐音式的文案标题会让标题更加丰富有趣。例如某理发店的名字为“一剪美”，其实就是“一剪梅”的谐音，既有诗意，又巧妙地展示了理发店的特点；某品牌蚊香的广告词为“默默无蚊”，其实就是“默默无闻”的谐音，这一谐音的使用不仅让观众知道了这是一款蚊香的广告，还能让观众明

白这一品牌蚊香的益处——没有太大气味就能让蚊子消失。

谐音之所以能在标题中起到如此大的作用，是有原因的，具体如图 9-11 所示。

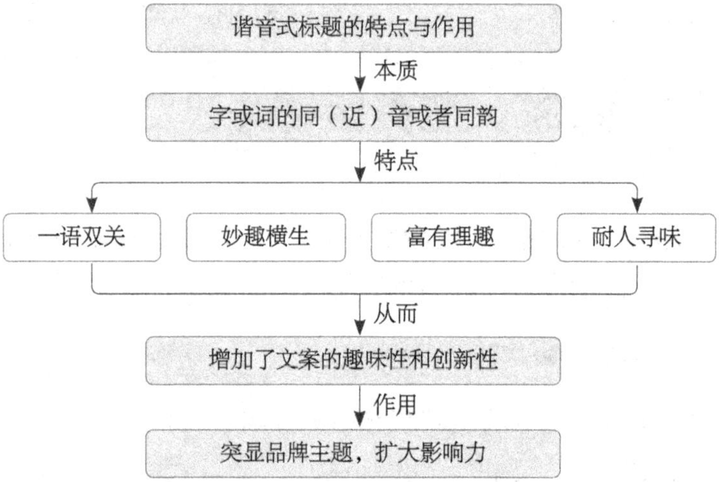

▲图 9-11 谐音式标题的特点与作用

新媒体文案采用谐音式标题能大大提高标题的关注度。读者在看到这样带有谐音的标题时，不仅会觉得十分有趣，还能更容易地理解文案作者想要表达的意思。特别是精炼式的谐音标题更容易被记住和传播，相关案例如图 9-12 所示。

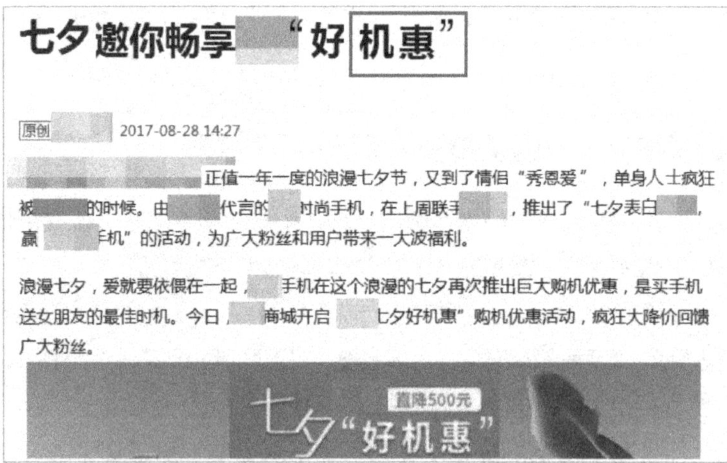

七夕邀你畅享 “好机惠”

原创 2017-08-28 14:27

正值一年一度的浪漫七夕节，又到了情侣“秀恩爱”，单身人士疯狂被 的时候。由 代言的 时尚手机，在上周联手 ，推出了“七夕表白 ，赢 手机”的活动，为广大粉丝和用户带来一大波福利。

浪漫七夕，爱就要依偎在一起， 手机在这个浪漫的七夕再次推出巨大购机优惠，是买手机送女朋友的最佳时机。今日 商城开启 七夕好机惠”购机优惠活动，疯狂大降价回馈广大粉丝。

（1）

灯具守护健康，耀你想要
2017-06-15 18:23
品牌客厅灯具，天猫家装主材优质有保障，款式齐全，超值盛宴，设计风格时尚，严格控制质量，打造生活质感！尽在：旗舰店
客厅：实心透光亚克力，表面纳米激光处理，3D立体发光，使光线更柔和更适合居住，对老人和小孩起到很好的护眼作用。可根据个人爱好和环境需求定制不同色温方案。

（2）

▲图 9-12 谐音式文案标题

解析

图 9-12 所示的是谐音式文案标题的案例。

《七夕邀你畅享 ×× “好机惠”》这一文案标题所用到的谐音就是“机惠”，它是“机会”一词的谐音。这则文案是某品牌手机的七夕广告。“机惠”一词用在这里，既很好地表达了文案的宣传产品是手机，又表达出了“优惠”的意思。当读者看到这一文案标题时就能很好地理解文案作者想要表达的“购机优惠”这层意思。

《×× 灯具守护健康，耀你想要》这一文案标题所用到的谐音就是“耀你想要”，它原本应该是“要你想要”，用在这一标题当中有其特定的意思，因为是某品牌的灯具广告，用“耀”字就能展现出这一品牌灯具的优势。“耀你想要”更能体现出这一品牌灯具对用户的益处。

081 幽默式：语句充满智慧和想象力

幽默，简单来说，就是让人觉得有趣的意思。但“幽默”与单纯的搞笑又有很大的不同，幽默当中的搞笑，让人在发笑的同时，还能感受到作者想要表达的字面以外的意思。

幽默有很多种类和特殊的作用，如图 9-13 所示。

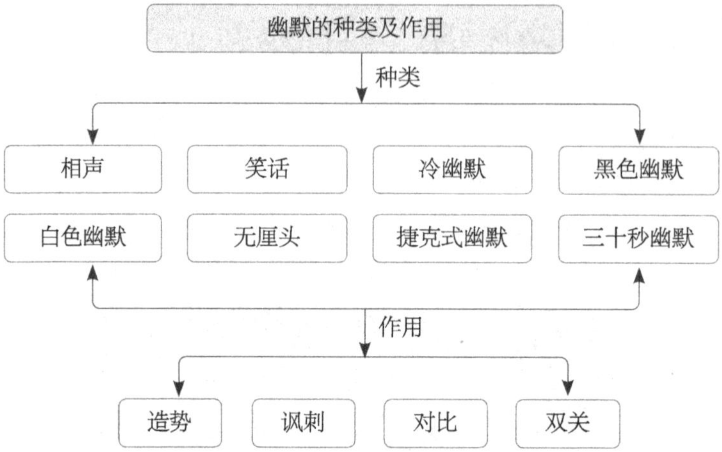

▲图 9-13 幽默的种类及作用

幽默式标题通常以出其不意的想象和智慧让读者忍俊不禁，在使文案标题有吸引力的同时，还能让人印象深刻并发人深省，激发读者阅读文章的兴趣。

新媒体文案用幽默式标题不仅能够让读者会心一笑，还能让读者在笑过之后理解作者更深层的意思，达到预期的效果，相关案例如图 9-14 所示。

作为一只松鼠，怎样才能活得更久？答案是……早点出生

2017-07-20 22:42 松鼠

作者： 编辑：

俗话说：早起的鸟儿有虫吃，早生的松鼠——易存活！真的不是在开玩笑，这可是动物学家们在长达26年的跟踪研究后得出的结论！

▲图 9-14 幽默式文案标题

解析

图 9-14 所示的是在新媒体文案当中采用幽默式标题的案例。

《作为一只松鼠，怎样才能活得更久？答案是……早点出生》这一文案标题的幽默来自作者“故意为之”的对生命长短的理解，按照常理，如果顺应自然规律又不出意外，那么出生的早晚与生命的长短是没有关系的。但这一标题却认为“出生得早就能活得长一些”，在常人的心中，却有着隐藏的搞笑意味。该标题看似搞笑，实则表达出自然界的神奇。读者在看到这一标题之后，会因为标题中所体现的幽默思想而点击文章查看内容。

082 历史不能虚构

新媒体作者撰写一篇文案可能是为了宣传自己的产品或品牌，扩大其影响力。不管是什么类型、什么领域的文案，作者在写作时都是带有目的的，而这一目的最终受众其实都是用户。

因此，新媒体文案的作者在撰写文案标题时，尤其是在撰写公司或品牌历史方面的文案时，要想取得用户的信任，不得虚构。

一个品牌在市场上存活的时间不仅代表着品牌自身的生命长短，还代表着自身的品质。一个历史悠久的品牌相对于新品牌而言可能更具有优势，用户可能也更信任老品牌或大品牌。

作者在撰写有关品牌历史的文案标题时，其中体现的历史要真实可信，不能误导读者。

例如，一个成立只有几年或是十几年的品牌就不能自称“老字号”。一旦将品牌的历史夸大，那么用户便很难再对该品牌抱有信任了，这样的损失对一个品牌或企业来说是巨大的，企业不仅失去了用户，也失去了市场信誉。新媒体文案作者在撰写有关品牌历史的标题时，应注意如图 9-15 所示的几个方面。

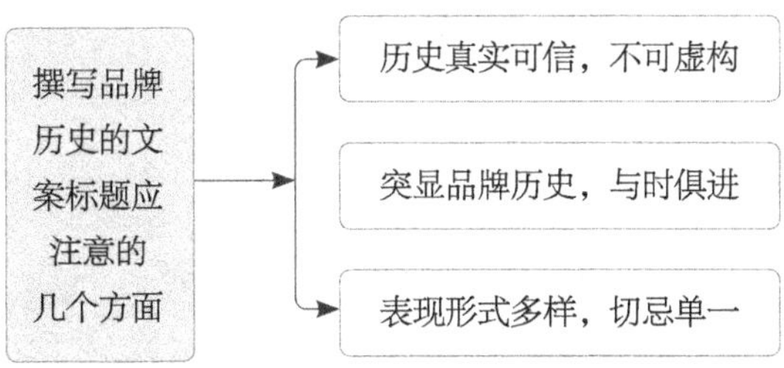

▲图 9-15 撰写品牌历史的文案标题应该注意的几个方面

新媒体文案标题里面所涉及的历史可以采取多种形式的表达方式。例如一个具有 90 年历史的品牌，就可以在文案标题中用“近百年”或者“百年”这样的字眼。但要注意的是，这里的“百年”并没有虚构和夸大的意思，而是对一个约等于 100 年的时间段的概括，像这样用近似值表示历史时，要注意时间不可相差太大。相关案例如图 9-16 所示。

（1）

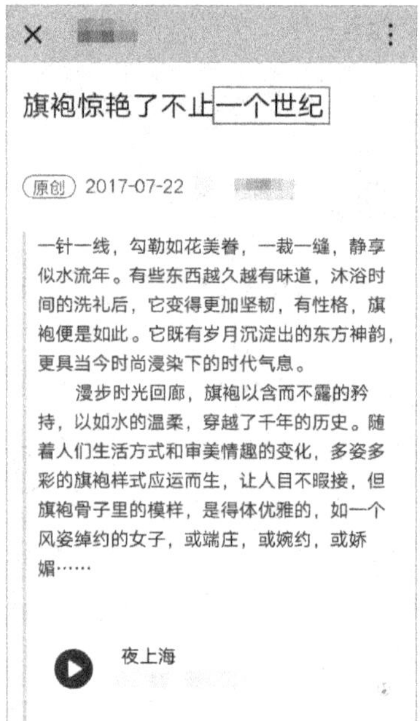

（2）

（3）

▲图 9-16 表现品牌历史的文案标题

解析

图 9-16 所示的是在文案标题中体现品牌历史的案例。

《火车站里百年历史的酒店》这一文案标题里的“百年”就是一个概括性的量词，具体的时间应该是在 100 年左右，但相差不大。

《旗袍惊艳了不止一个世纪》这一文案标题当中的“一个世纪”是对一段历史的概括，并没有具体的时间。像这样有关“历史”的概括，既不会出错，又能让读者深刻感受到那一份历史的年代感，激起读者内心的怀旧情结。

《××2017 十周年演唱会，×月×日成都燃情开唱！》这一文案标题中出现的有关历史就是很具体的“十周年”，既没有虚构，又没有夸大。这样的“历史”文案标题就很让人信服。

083 选择合适的典故

在文案中运用历史故事尤其是历史典故，能够让文案变得更加出彩。如果所采用的历史人物或故事是家喻户晓的，那么推广起来就不会有太大的难度。在视频广告中，运用历史人物或故事的案例更是不胜枚举。运用历史来推广或宣传某品牌能起到“水中着盐，饮水乃知盐味”的效果。

新媒体文案的标题恰当地运用历史，能使作者所讲的内容有历史为根据，更增强了文案的可信度。运用历史典故撰写新媒体文案标题有如图 9-17 所示的作用。

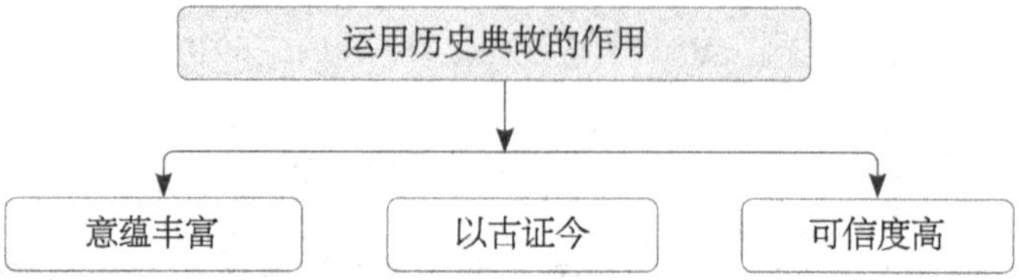

▲图 9-17 运用历史典故的作用

新媒体文案的标题巧妙地运用典故能达到令人意想不到的效果。例如“链家网”联合“开心麻花”团队于 2015 年推出的以 4 个典故为主题的 4 则广告，让“链家网”一时名气大增；“百雀羚”在 2016 年推出的“四大美人”广告，就是利用了中国古代“四大美人”的典故，广告一出，立马引起了轰动性的效果。

新媒体文案的标题恰当地应用典故，能让文案标题十分具有说服力且引人注目。人们都爱听故事、看故事，新媒体文案标题里借用典故的创新来吸引读者的目光，效果自然大不相同。

要想把典故与新媒体文案更好地结合起来，首先应该学会选择典故。典故的选择方法如图 9-18 所示。

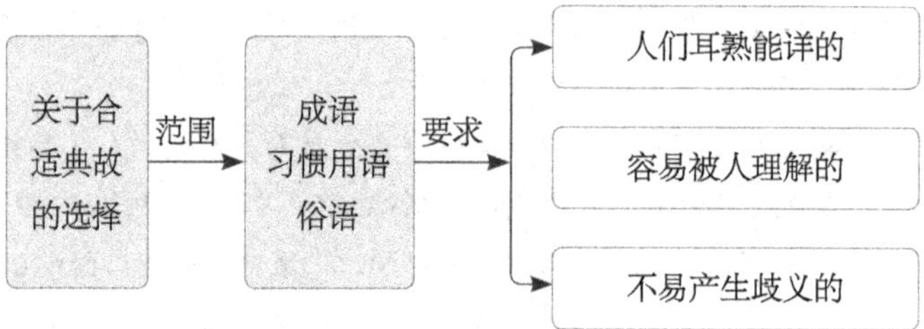

▲图 9-18 选择合适典故的具体做法

新媒体文案作者在撰写文案标题时恰当引用合适的典故，能够让文案标题更富有历史趣味性，使读者在咀嚼历史时又能从中领会更多的内涵。值得注意的是，新媒体文案标题当中出现的历史典故应当是大部分人都耳熟能详的，这样才能起到引起读者共鸣和传播的效果，相关案例如图 9-19 所示。

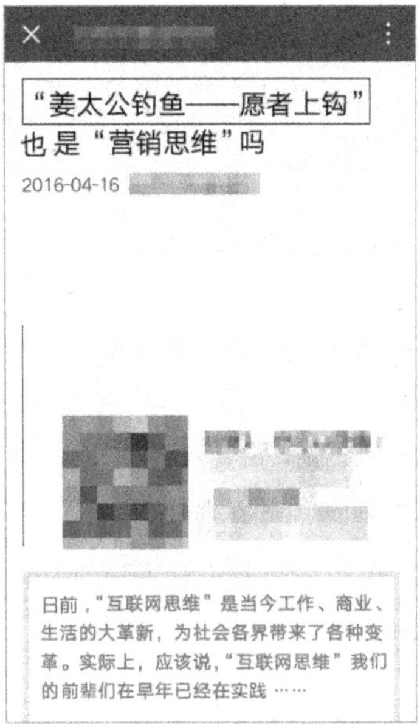

"姜太公钓鱼——愿者上钩"也是"营销思维"吗

2016-04-16

日前，"互联网思维"是当今工作、商业、生活的大革新，为社会各界带来了各种变革。实际上，应该说，"互联网思维"我们的前辈们在早年已经在实践……

（1）

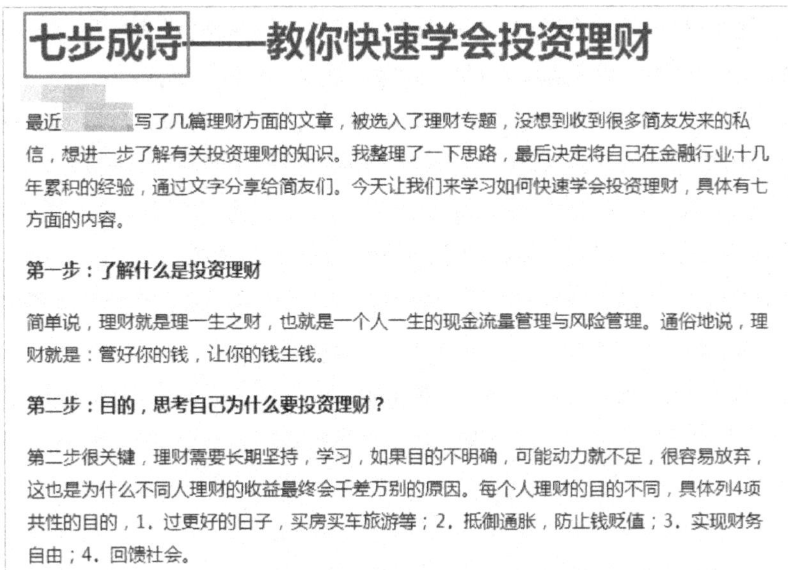

七步成诗——教你快速学会投资理财

最近　　写了几篇理财方面的文章，被选入了理财专题，没想到收到很多简友发来的私信，想进一步了解有关投资理财的知识。我整理了一下思路，最后决定将自己在金融行业十几年累积的经验，通过文字分享给简友们。今天让我们来学习如何快速学会投资理财，具体有七方面的内容。

第一步：了解什么是投资理财

简单说，理财就是理一生之财，也就是一个人一生的现金流量管理与风险管理。通俗地说，理财就是：管好你的钱，让你的钱生钱。

第二步：目的，思考自己为什么要投资理财？

第二步很关键，理财需要长期坚持，学习，如果目的不明确，可能动力就不足，很容易放弃，这也是为什么不同人理财的收益最终会千差万别的原因。每个人理财的目的不同，具体列4项共性的目的，1. 过更好的日子，买房买车旅游等；2. 抵御通胀，防止钱贬值；3. 实现财务自由；4. 回馈社会。

（2）

▲图 9-19 选择合适典故的文案标题

解析

图 9-19 所示的是在新媒体文案当中选择合适典故的案例。

《“姜太公钓鱼——愿者上钩”也是营销思维吗》这则文案标题选择的就是“姜太公钓鱼”的典故。整篇文章所讲的都是一种营销策略，这种营销策略就如同“姜太公钓鱼”，让读者乖乖“上钩”。对这一典故的运用，既能把这一营销策略直观地展示在读者面前，又能让读者很轻易地明白这一营销策略的内涵和本质。

《七步成诗——教你快速学会投资理财》这篇文案标题运用的是曹植在其兄曹丕的逼迫下七步成诗的典故。知晓这一典故的人都知道，曹植作诗只走了七步，该诗是在一个很短的时间里完成的。这篇教人快速学会投资理财的文章，用“七步成诗”能很好地体现出了时间短、成效大的效果。

084 不能生搬硬套

“生搬硬套”指的是直接引用别人的话语、照抄照搬别人的东西，或者是强行引用名家诗句或典故，把根本没有关联的两个事物硬凑到一起的现象。历史上这种生搬硬套的例子数不胜数，如“东施效颦”“照猫画虎”等，说的都是对别人的东西照搬照抄，不结合自身实际，因而闹出了不少笑话的故事。

此处所说的不能生搬硬套，是指在撰写新媒体文案的标题时，不能直接套用与文案内容毫无联系的名家诗词或典故。如果直接套用与内容毫无联系的诗词典故，会造成牛头不对马嘴的情况，让读者觉得作者的水平和知识涵养都很低。

在撰写新媒体文案的标题时，要十分注意诗词典故与文章内容的契合度，只有情况相符，才能达到作者想要的效果，否则就是画蛇添足，严重的还会适得其反，得不偿失。

作者在撰写文案标题时，应当注意正确引用诗词典故。正确引用诗词典故的方法如图 9-20 所示。

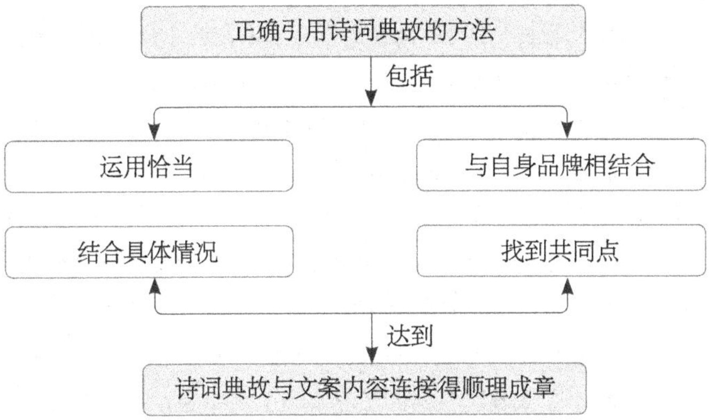

▲图 9-20 正确引用诗词典故的方法

在撰写新媒体文案标题时，不论是引用诗词还是引用典故，切记要与文案所写的内容有关联，如图 9-21 所示。

（1）　　（2）

▲图 9-21 诗词典故在文案标题当中的恰当引用

解析

图 9-21 所示的是在新媒体文案标题中恰当引用诗词典故的案例。

《举杯邀明月 对影成三人——故宫酒文化精品展》这一文案标题引用的是李白《月下独酌》中的千古名句“举杯邀明月，对影成三人”。此诗本身就与“酒”有关，又十分具有意境美和古典美，所以与“故宫酒文化精品展”联系得很完美，让读者在看到标题时，就能感觉到一种美好的意境。

《独在异乡为异客 故乡总是在远方》这一文案标题所引用的是王维《九月九日忆山东兄弟》里“独在异乡为异客，每逢佳节倍思亲”的前半句。此诗所描绘的就是对故乡及亲人的思念，因此，在与“故乡”有关的文案标题当中，引用得十分恰当，既能表现身处异乡的孤独，又能很好地表达对故乡的想念。

由此可见，新媒体文案作者要注意，诗词典故切忌生搬硬套，否则，不仅不能吸引读者，还会引起读者的反感，得不偿失。

085 引用方式多样

新媒体文案标题引用诗词典故的方法并不是单一的。作者要学会用多种方式来引用，使自己的文案标题形式更加多样化，以达到更好的效果。

一般来说，引用诗词典故大致有 3 种方式，如图 9-22 所示。

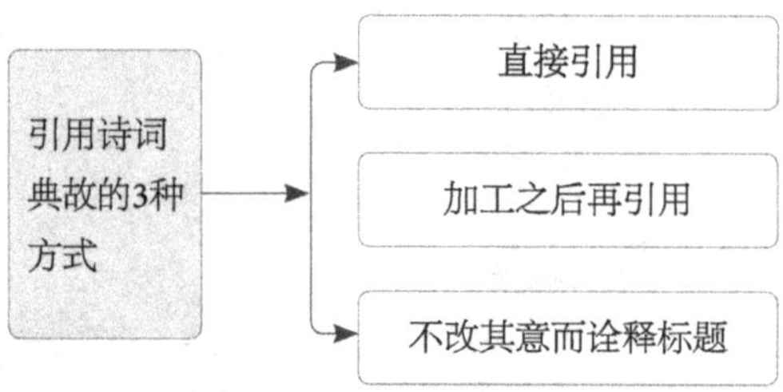

▲图 9-22 引用诗词典故的 3 种方式

所谓直接引用，就是在文案标题中直接对诗词典故进行引用，不加任何修饰和修改；加工之后再引用，就是指文案标题在引用诗词典故时，先对诗词典故进行适当修改，以达到呼应文案的目的；不改其意而诠释标题，指就是不改变文案标题所引用的诗词典故，而让它对文案标题起到一个诠释的作用。

作者只有学会用多种方式来引用诗词典故，才能增加文案标题的吸引力，相关案例如图 9-23 所示。

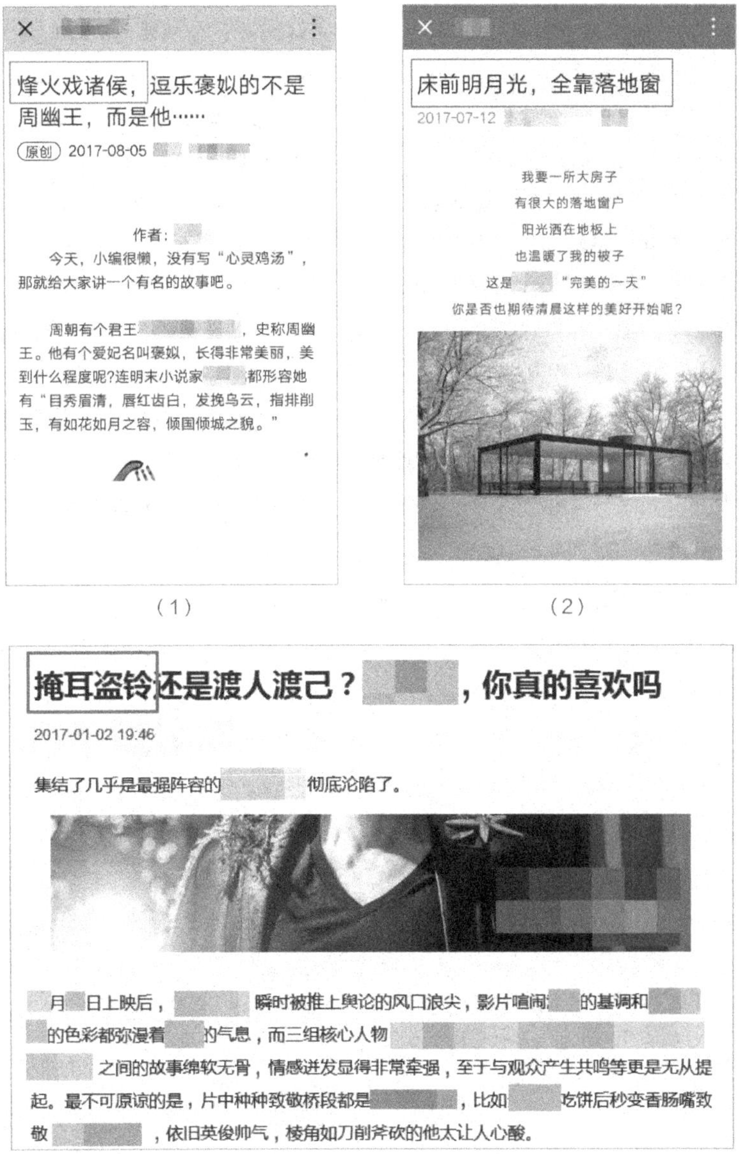

（1）

烽火戏诸侯，逗乐褒姒的不是周幽王，而是他……

原创 2017-08-05

作者：

今天，小编很懒，没有写“心灵鸡汤”，那就给大家讲一个有名的故事吧。

周朝有个君王，史称周幽王。他有个爱妃名叫褒姒，长得非常美丽，美到什么程度呢?连明末小说家都形容她有“目秀眉清，唇红齿白，发挽乌云，指排削玉，有如花如月之容，倾国倾城之貌。”

（2）

床前明月光，全靠落地窗

2017-07-12

我要一所大房子

有很大的落地窗户

阳光洒在地板上

也温暖了我的被子

这是“完美的一天”

你是否也期待清晨这样的美好开始呢？

（3）

掩耳盗铃还是渡人渡己？，你真的喜欢吗

2017-01-02 19:46

集结了几乎是最强阵容的彻底沦陷了。

月日上映后，瞬时被推上舆论的风口浪尖，影片喧闹的基调和的色彩都弥漫着的气息，而三组核心人物之间的故事绵软无骨，情感迸发显得非常牵强，至于与观众产生共鸣等更是无从提起。最不可原谅的是，片中种种致敬桥段都是，比如吃饼后秒变香肠嘴致敬，依旧英俊帅气，棱角如刀削斧砍的他太让人心酸。

▲图9-23 以多种方式引用诗词典故的标题

解析

图 9-23 所示的是以不同的方式引用诗词典故的新媒体文案标题案例。

《烽火戏诸侯，逗乐褒姒的不是周幽王，而是他……》这一文案标题直接引用了“烽火戏诸侯”的历史典故，对典故没做任何形式的修改，而是十分直接地对典故进行说明，进而达到文案作者想要的效果。

《床前明月光，全靠落地窗》这一文案标题则是对李白的《望月》进行修改后再引用的：将“床前明月光，疑是地上霜”的后半句改为了“全靠落地窗”，不仅使文案标题变得生动有趣，又体现出了文案想要表达的重点——落地窗。像这样对诗词典故进行创新性的引用，会使文案标题达到意想不到的效果，更能吸引读者的关注。

《掩耳盗铃还是渡人渡己？ ×××，你真的喜欢吗》这一文案标题所引用的成语“掩耳盗铃”则是对文案标题含义的诠释，使读者在看到文案标题时，就能对文案标题的含义有一个很清楚地了解，而作者也能更加精炼地表达出自己想表达的意思。

第 10 章

告知型：7 种方式，抓住用户眼球

学前提示 >>>

新媒体文案的标题要能够明确地告诉读者要点，这样才能让读者阅读文章。

本章将从文案标题的告知方式出发，重点介绍7种以告知方式打造新媒体爆款标题的方法。

要点展示 >>>

- 告知福利
- 告知危害
- 告知建议
- 反常式
- 变化式
- 惊骇式
- 欲望式

086 告知福利

现代社会总是讲究“福利”，那么，什么是“福利”呢?

福利就是指一个人或一个团体在生活、工作、学习中所享受到的待遇以及获得的利益。

新媒体文案标题所出现的“福利”与我们平常所说的福利是一个意思。“告知福利”型的新媒体文案标题是指在文章标题中向读者传递一种“福利”，也就是说只要读者阅读了这篇文章，就能获得某些物质或是心理上的收获，让读者有一种自己赚到了的感觉，从而自然而然地去阅读文章。告知福利型标题的表达方法有两种，如图 10-1 所示。

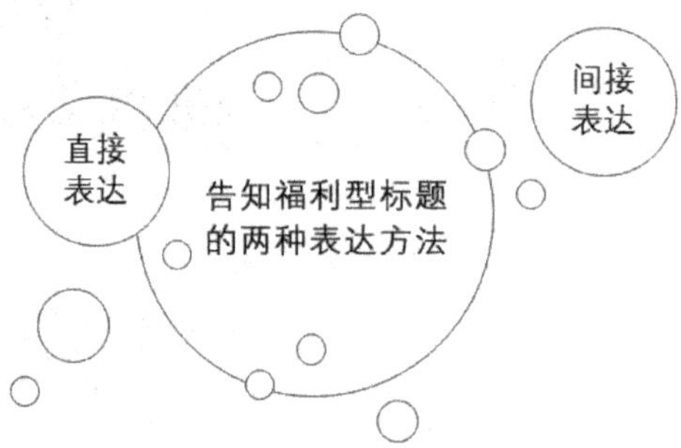

▲图 10-1 告知福利型标题的两种表达方法

告知福利型文案标题的两种表达方法如下。

（1）直接表达

这种“福利”型标题会在文章标题中直接写出“福利”二字，让读者一看到文案的标题就知道，这篇文案是有“福利”可得的。

人们都喜欢免费的或是只需要花费一点小的精力就能得到更多回报的，所以表达直接的福利型文案标题，更容易引起读者的注意，图 10-2 所示为直接表达的福利型标题。

（2）间接表达

这种福利型标题不直接将“福利”二字写在标题中，而是通过其他词语，例如“实用法则”“导航”等传递文章所提供的福利。

这类福利型文案标题比较含蓄，婉转地告诉读者“福利”的存在。读者看到这样的文案标题时，不会觉得文案标题那么功利。

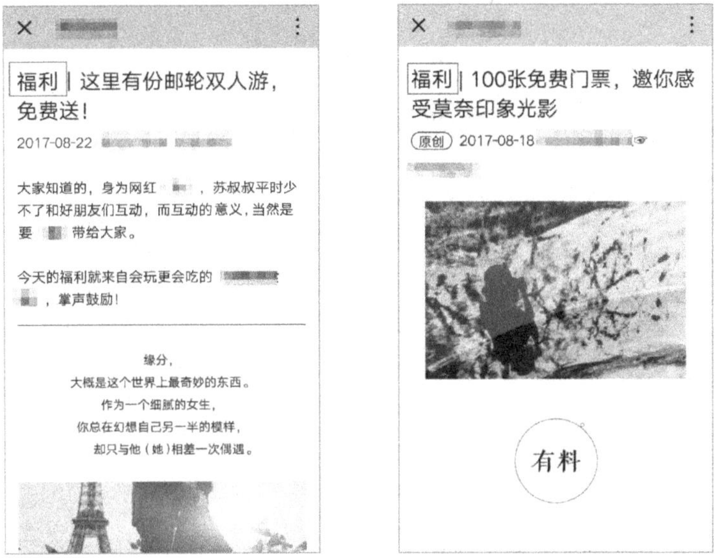

（1）　　（2）

▲图 10-2 直接表达的福利型文案标题

解析 图 10-2 所示的是直接表达福利的文案标题案例。这些案例都是直接在标题当中将“福利”二字展示出来，采用简单直接的方式，用明显的字眼引起读者的注意和兴趣，从而让读者进一步阅读文章内容。

表达含蓄的福利型文案标题照顾了读者的自尊心，让读者在看到文案标题时觉得很舒心，从而很乐意去点击查看全文。

图 10-3 所示的即间接表达的福利型标题。

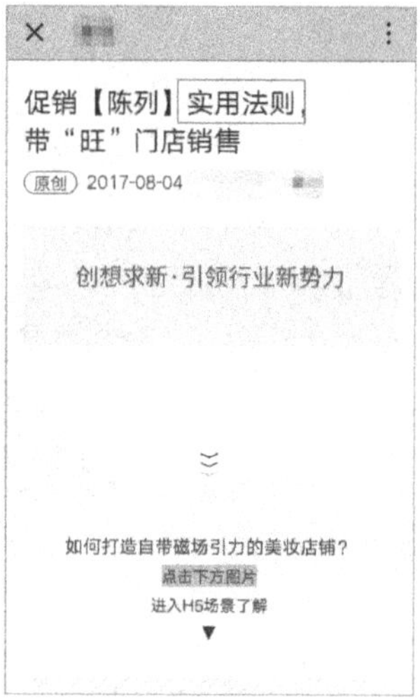

（1）

（2）

▲图 10-3 间接表达的“福利”型文案标题

解析

图 10-3 所示的是间接表达的“福利”型文案标题案例。这些标题当中都没有直接出现“福利”二字，而是通过其他与“福利”意思相似的词，如“法则”等来说明带给读者的某些益处。

087 告知危害

告知危害型文案标题是一种有力量且严肃的标题。这里所说的“危害”是指某事物是对人有危害的、有损人们利益等。这类标题的目的在于给读者以警示或提醒。告知危害型标题通常包括 3 个方面的内容，如图 10-4 所示。

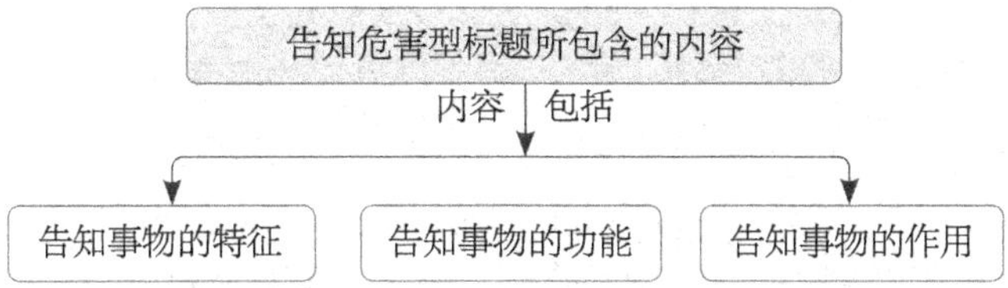

▲图 10-4 告知危害型标题所包含的内容

告知危害型标题常以发人深省的内容给读者以强烈的心理暗示，尤其是告知危害型的新闻标题，常常因其具有提醒、警示、震慑的作用，而被很多新媒体文案作者所追捧和模仿，如图 10-5 所示。

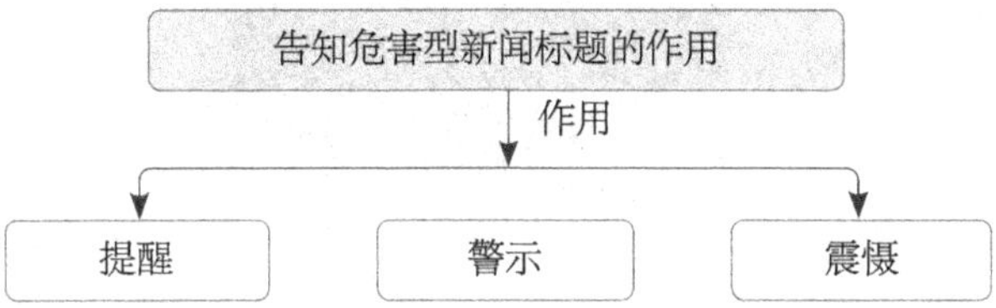

▲图 10-5 告知危害型新闻标题的作用

在很多地方都会用到告知危害型文案标题，通常是告诉读者他们所不知道或很少知道的内容，以期给予提醒，如图 10-6 所示。

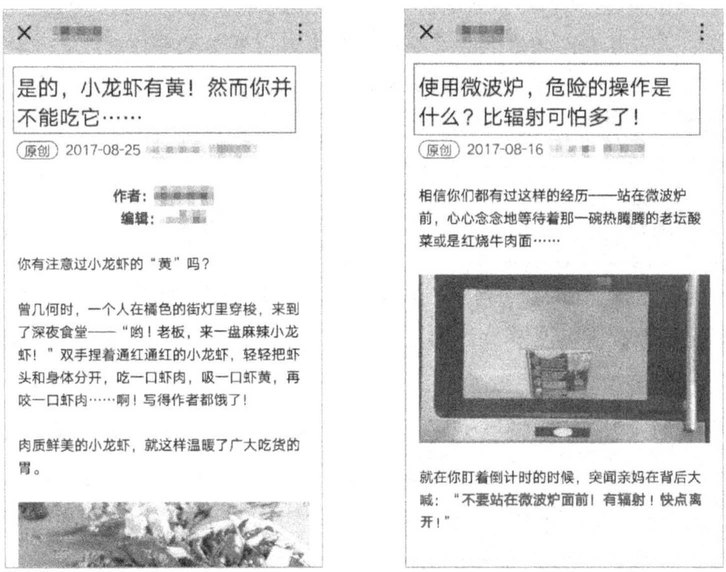

（1） （2）

男子吃樱桃被毒晕，千万别这样吃！

2016-05-07 22:05

近日，樱桃熟了。一位游客正感口渴，又被树上红红的樱桃果所诱惑，**便采摘了5颗尝鲜。**没想到，**不一会儿便出现腹痛、头晕症状，晕倒在地。**120人员赶来急救，该男子被送往医院做进一步检查。

（3）

▲图 10-6 “告知危害型”文案标题

解析

图 10-6 所示的是告知危害型文案标题案例。作者在运用告知危害型标题时需要注意对应的文章是否恰当，因为并不是每一篇文章都可以使用这种类型的标题。

这种标题运用得恰当则能加分，发挥其他标题无法替代的作用；运用不当，则很容易让读者产生反感情绪或引起一些不必要的麻烦。因此，作者在使用告知危害型文案标题时要小心谨慎，需注意用词的恰当性，切不可草率。

088 告知建议

所谓告知建议型标题，就是文案作者通过标题向读者传递一种接人待物的建议。这种标题能让读者清楚地知道文章的主体内容，并且以传递知识为噱头，吸引读者的注意力。

告知建议型文案标题能给读者带来某些技术方面的指导或知识建议。这类文案标题有一些常用句型，例如“给你一些建议”“这样做……”或者是“千万别这样做”等。通常读者看到这样的文案标题时，会觉得这篇文章能让自己获益良多，从而想点击文章阅读内容，相关案例如图 10-7 所示。

（1）

（2）

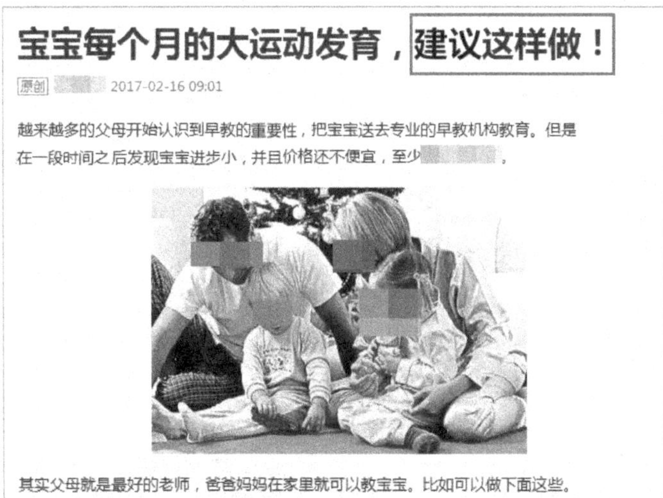

（3）

▲图 10-7 告知建议型文案标题

> 解析
>
> 图 10-7 所示的是告知建议型文案标题的案例。这些标题是在给读者提供建议，采用的句型也是十分常见的。“……给你一些建议”“这样做……”“……建议这样做”这些句型都是在直接告知读者该文案内容能解决或者可能解决读者遇到的某些问题，简单、明确，免去了读者要自己去找内容的麻烦，能让读者在短时间内看到重点，进而查阅整篇文章，提升文章的阅读量。

089 反常式

“反常”就是违反常规，与正常状态不一样。现代人在一成不变的生活中往往渴望看一些较为“反常”的东西作为消遣。但这里的“反常”并不是说那些不好的、负面的事物，而是一些超出常人固定思维，或是人们意想不到的创新。

我们在日常生活中经常能遇到一些与“反常”有关的问题或事情，最常见的就是“脑筋急转弯”。“脑筋急转弯”的题目都是不能用固定思维去理解和解答的，而要以比较“另类”或是“新奇”的角度去解答，这样除了能锻炼答题者的头脑之外，还能让答题者觉得很新鲜。

新媒体文案标题里出现的“反常”和“脑筋急转弯”是一个道理，都是要给读者一种“熟悉的陌生感”。既要让读者认为这个问题很常见，又要让读者觉得这个标题很新鲜，只有这样才能让读者在耳目一新的同时对文案的内容产生兴趣。新媒体文案采用“反常式”标题能给人不一样的全新感受，相关案例如图 10-8 所示。

背上电饭锅去旅行

2017-07-09 00:00

2013 年 9 月，我和小刀开始长途旅行，没有非要去的地方，也没有一定要看的风景，我们只是想经常换地方生活，是一对非典型的游客。没有了柴米油盐，生活是不完整的，不到一个月我就得了思乡病，而一只锅，一个移动的厨房，一个背在身上的小小的家，就成了我治疗思乡病的偏方。目前为止，疗效还真的不错，每天买菜做饭，到处闲晃，酒足饭饱之后，不太在乎身在何处。

▲图 10-8 反常式文案标题

解析

图 10-8 所示的是新媒体文案的反常式标题案例。这些标题所展现的内容都是比较反常的，因而能吸引读者的注意。

《背上电饭锅去旅行》这文案标题的反常在于在现实生活中很少有人会在旅游的时候背一个电饭锅，因为这样既费时又费力，对常人来说这是一个不太实际的事情，但是文案标题所展示出来的就是在旅行时“背上电饭锅”。像这样反常人思维的事情和做法，能在第一时间调动读者的好奇心，从而让读者愿意查看文章内容。

090 变化式

我们将“变化”一词分开来看。“变”是指某一事物或某一个人从旧的状态向新的状态转变的一个过程；“化”则表示前面“变”这一过程的结束，使新的状态代替了旧的状态。

新媒体文案标题中所讲的“变化”就是指文案标题带有一定的变化过程或者“与时俱进”的过程。“变化式”标题就是这种带有变化趋势的一类标题。这类标题所讲的事物或人都是带有变化性质的，例如《再不用微信你就过时了》，有一个时间轴线的改变，表示的是一种正在发生或者已经发生的新状态。

简单来说，变化式标题所体现的就是某一事物或某一个人新旧状态交替的“正在进行时”或“现在完成时”。

大部分人都乐意接受新鲜事物，不论是吃、喝、玩、乐还是其他方面，都希望能够跟上时代的脚步，好让自己显得不“落伍”，而这类“变化式”新媒体文案标题就表示了一种“与时俱进”的趋势或状态，所以当读者看到此类标题时，就会想要点击查看相关内容，相关案例如图 10-9 所示。

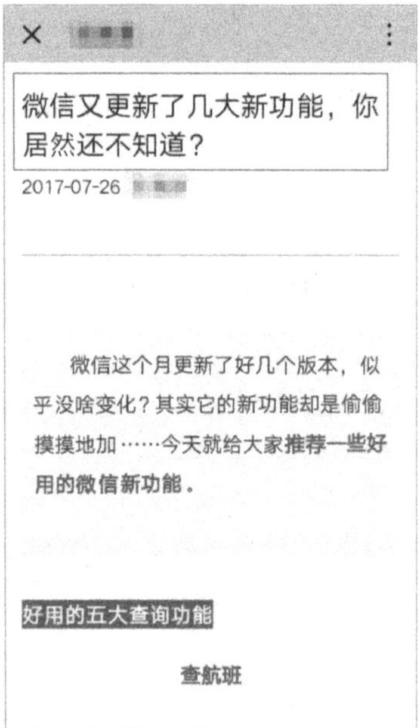

（1）

（2）

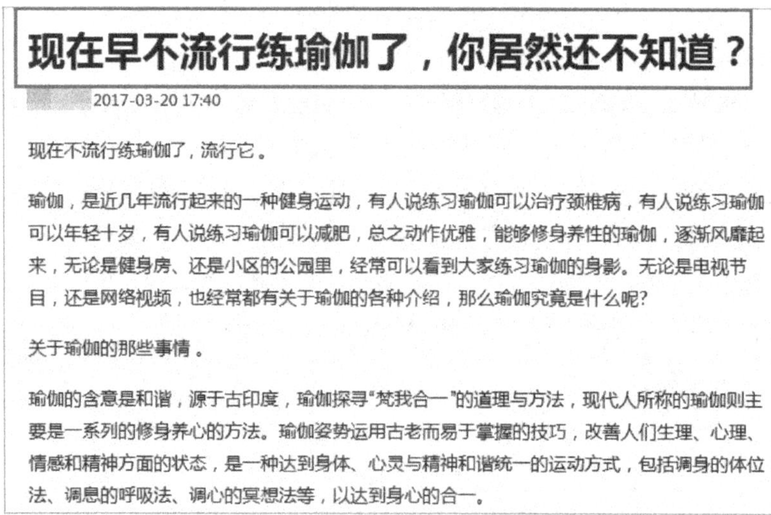

（3）

▲图 10-9 “变化式”文案标题

解析

图 10-9 所示的是新媒体文案中的变化式标题案例。

《微信又更新了几大新功能，你居然还不知道？》这一标题用与人们生活息息相关的“新事物”来吸引读者的目光，进而达到让读者阅读文章内容的目的。

《潮卫衣搭配指南：再不穿卫衣，你就过时了！》这一文案标题所体现出来的“变化式”就是一种“现在进行时”的“潮流”，利用人们追逐潮流的心态来吸引读者的目光和注意力。

《现在早不流行练瑜伽了，你居然还不知道？》这一文案标题的“变化”体现在它是一种“完成时态”，展现在读者面前的是“瑜伽”已经“不流行”的这个情况。当看到这样的文案标题时，读者会想要看看“瑜伽”不流行的原因和“现在”流行什么，因而也会想查看文章内容。

091 惊骇式

“惊骇”就是指令人害怕又震惊。现在人们常说的“惊骇”，更多的是指令人震惊。新媒体文案标题中的“惊骇”更多也是指令人震惊。惊骇式标题更能吸引读者的目光。

“惊骇式”文案标题所体现的内容一般会让读者大吃一惊，或让读者觉得不可思议。人们都有想了解未知事物的心理，因为神秘或者没见过，所以更加让人感兴趣。很多人之所以对探索宇宙很感兴趣，就是因为宇宙的未知和神秘。在现实生活中也是如此，人们对那些自己不曾接触过的事物或者是未知的、惊奇的、难得一见的事物，都有着强烈的好奇心。例如，《一千年前的莲花居然开花了》《某某地上演了传说中的“蛇吞象”！》等文案标题所体现的都是人们不常见到甚至是不敢想象的事情。这足以引起读者的高度关注，让读者第一眼就能被标题吸引，进而想查看文章内容。

惊骇式标题有较多的固定形式，例如，“震惊……”“惊！……”“罕见！……”“居然……”等。这样的句型不仅能够很快地吸引读者的目光，还能让读者不由自主地想要点击文章去查看这些令人“震惊”的事物到底是什么，相关案例如图 10-10 所示。

罕见！大连惊现"龙吸水"奇景 天气骤变、海水倒吸、直冲云霄

2017-08-19 19:19

提示：最近几天，受强对流天气影响，大连不时出现了多轮短时强降雨，这种气象条件，也容易产生"龙吸水"这种罕见的天气现象。18号早上6点多，大连市长海县广鹿岛海边，就出现了"龙吸水"奇观，一直持续了20多分钟。

（1）

惊！惊！惊！孕妇鞋子影响腹中胎儿脑发育？

2014-07-26 01:37

腹中胎儿的大脑每时每刻都在发生着变化。根据胎儿大脑在母体中的发育情况，从胎儿期开始系统科学的胎教是不可或缺的。

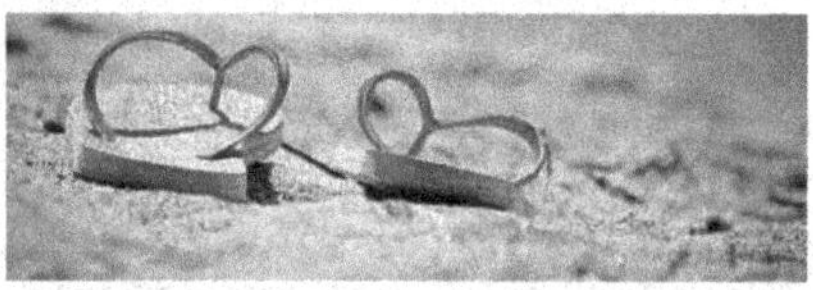

大脑是神经中枢所在地，人的智商的高低与大脑的发育程度密切相关。孩子聪明的先天条件之一就取决于胎儿期大脑的发育情况。现在我们就来看看胎儿大脑发育的几个阶段。

胎儿时期是脑部物质的形成时期，约1 000亿个脑神经细胞，在受精之后的280天里，慢慢地形成。

（2）

▲图 10-10 "惊骇式"文案标题

解析

图 10-10 所示的是“惊骇式”文案标题案例。

《罕见！大连惊现“龙吸水”奇景 天气骤变、海水倒吸、直冲云霄》这一文案标题用的就是“罕见！……”这一句型。用了“罕见”一词就说明这种现象是很不常见的，而“龙吸水”这种只在神话里才存在的景象，一旦出现在现实生活中，就会被人关注，所以，该标题能够吸引读者的注意力。

《惊！惊！惊！孕妇鞋子影响腹中胎儿脑发育？》这一文案标题所针对的对象就是那些已经怀孕了或是准备怀孕的人，连用 3 个“惊”字，能在很大程度上引起读者的重视。从文案标题内容的角度来说，孕妇鞋子影响胎儿脑发育，是很多人之前没有听说过的。因此，单从标题来说，对那些已经怀孕或准备怀孕的人都是十分具有影响力的，会让他们在看到这一标题之后立即点击文章查看内容。

092 欲望式

“欲望”是指那些存在于人本性之中的、无法改变的、想要达到某种目的的想法。人的欲望有不同类型，不同类型欲望出现的时间和内容也不相同，具体如图 10-11 所示。

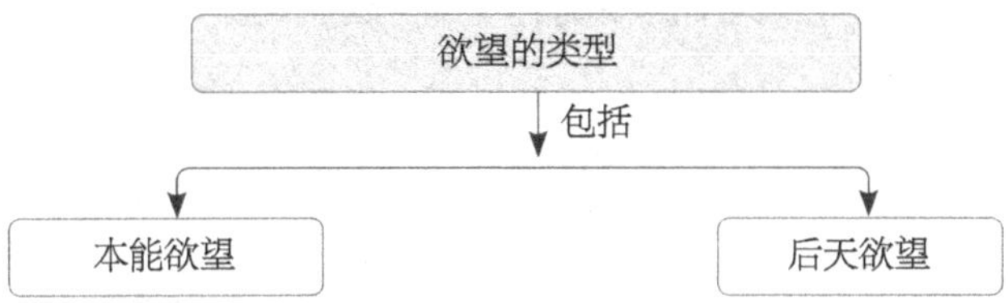

▲图 10-11 欲望的类型

“本能欲望”是指人天生就有的欲望，是存在于人的基因当中的，例如对食物的需求等；“后天欲望”则是指人出生之后受外界影响才有的欲望，例如金钱、爱情、地位等。这些欲望都影响着一个人的行为，而且影响深远。

新媒体文案的欲望式标题的目标是激发起人的某种欲望，从而达到让读者阅读文章内容的目的。

人的欲望有很多，这就意味着我们在撰写新媒体文案标题时要有针对性，例如一部分女性的欲望是想要保持年轻、漂亮、能够吸引异性的目光等，针对这种欲望写出的文案标题，就会受到这部分女性读者的青睐；而一些男性所追求的大多是成功、地位、名誉等，那么从这些方面下功夫，就能吸引这部分男性的目光，进而使他们阅读文章内容。相关案例如图 10-12 所示。

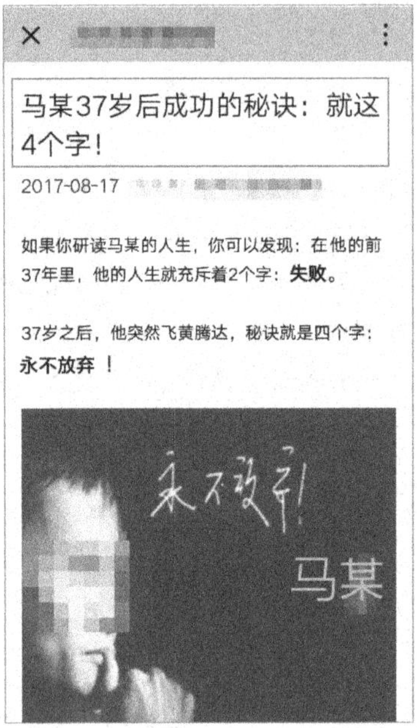

马某37岁后成功的秘诀：就这4个字！

2017-08-17

如果你研读马某的人生，你可以发现：在他的前37年里，他的人生就充斥着2个字：**失败。**

37岁之后，他突然飞黄腾达，秘诀就是四个字：**永不放弃**！

（1）

获得财富自由的两种方式

原创 2017-07-18

这是第*118*篇原创文章

本文共850字，阅读时间2分钟

（2）

女人如何使自己更漂亮年轻，富有魅力？

2017-05-14 14:22

一个女人的美丽并不是取决于她是否拥有闭月羞花之貌、沉鱼落雁之容，也不泛指人身材修长苗条，而是她是否拥有心灵的内在美和自己独具一格的人格魅力。女人想自己拥有魅力需要做到以下几方面。

（3）

▲图 10-12 “欲望式”文案标题

解析

图 10-12 所示的是欲望式文案标题案例。这些标题的内容所涉及的都是人们想要拥有的东西，也就是能满足人们“欲望”的方式方法。

《马某 37 岁后成功的秘诀：就这 4 个字！》这一文案标题就是用某著名企业家的成功案例来告诉人们“如何成功”。这对于那些十分渴望成功的人来说是很有吸引力的。

《获得财富自由的两种方式》这一文案标题，利用的是人们对财富和自由的渴望，告知其方式方法，以此来获得读者对文案内容的关注。

《女人如何使自己更漂亮年轻，富有魅力？》这一文案标题利用的就是女人“天生爱美”这一特性，针对的是想要变得更美的女性。女人都希望自己变得更美、更有魅力，抓住了女性这一欲望，就能让那些想要变得更美的女性点击文章，从而增加文章的阅读量。

第 11 章

其他型：10 种类型，丰富文案表现力

学前提示 >>>

新媒体文案的标题不应局限于固定的模式，还应能运用很多其他形式，以达到更好的效果。

本章将从文案标题的其他形式出发，重点介绍10种打造新媒体爆款标题的其他方法。

要点展示 >>>

- 夺眼球型：放大渴望点，吸引读者点击
- 新闻型：一针见血，具权威性
- 急迫型：传递急迫，加快阅读
- 励志型：用自身故事现身说法
- 鼓舞型：有力量，易于记忆
- 速成型：传递一种信心，更多动力阅读
- 负面型：带入负面词句，引人一探究竟
- 本地化：借助地名的知名度
- 半遮半掩型：犹抱琵琶半遮面
- 揭露真相型：揭露鲜为人知的秘密

093 夺眼球型：放大渴望点，吸引读者点击

夺眼球型标题以吸引读者目光来达到提升文章点击量的目的。它会给人一种不可思议的感觉。这类标题的作者在写作风格上不走寻常路，甚至与常见的事实有很大的差距。

一般来说，夺眼球型文案标题大多有一点夸张，用夸张的方式来引起读者的注意，让读者在觉得不可思议的同时，又会好奇地想要去点击阅读文章。一般来说，夺眼球型标题有一些常用的形式，如图 11-1 所示。

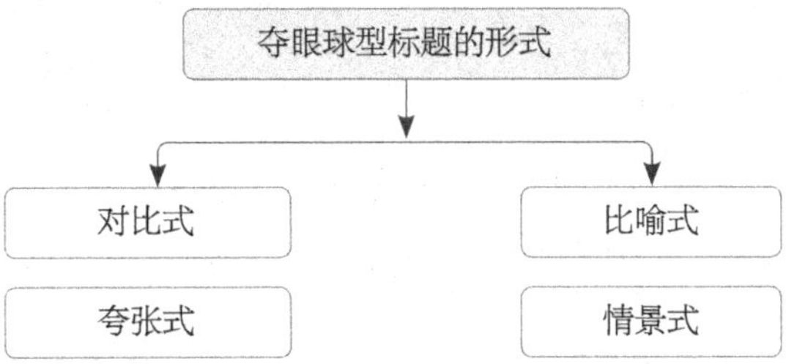

▲图 11-1 夺眼球型标题的形式

夺眼球型标题与普通式标题大不相同，例如，普通式标题《文案写作的一些指导意见》和爆炸式标题《他靠一篇文案赚了 800 万！》，哪一个更吸引人呢？

拟写夺眼球型的文案标题时，一定要放大读者内心的渴望：若读者需要减肥，那就要体现出快速减肥、高效减肥；若想育儿，那就体现出育儿技巧、育儿提示等，将标题的主题与读者的自身需求高度契合，从而达到吸引读者注意力的效果。

094 新闻型：一针见血，具权威性

新闻型标题一般都比较客观且权威。常见的新闻标题有单行、双行等多种形式，只要清楚描述时间、地点、人物、事件等几个基本的要素即可。新闻型标题因其本身具有特殊性，其种类和形式也有所不同，如图 11-2 所示。

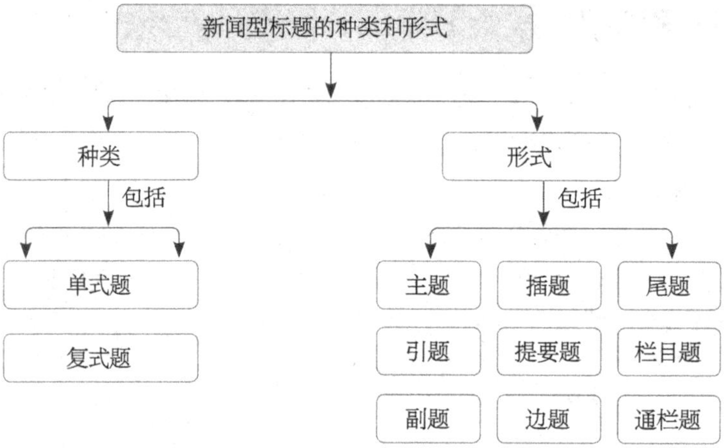

▲图 11-2 新闻型标题的种类和形式

新闻型标题不带有作者的个人情感色彩，而是客观、公正地报道某一事件的发生过程或结果。

新闻型标题主要是报道事实，具有“一针见血，具有权威性”的特点。这类文章可以放在网站的“企业新闻”或“行业新闻”等栏目中，具有权威性。

若新媒体文案运用新闻型标题，那么读者就会在看到标题时大致了解文案的内容，也会因为其权威性从而点击文章查看。还要注意的是，新闻型标题不可带有作者的主观判断或感情色彩，更不能夸大事实或胡编乱造。新闻类报道应该是冷静和客观的事实呈现，相关案例如图 11-3 所示。

（1）

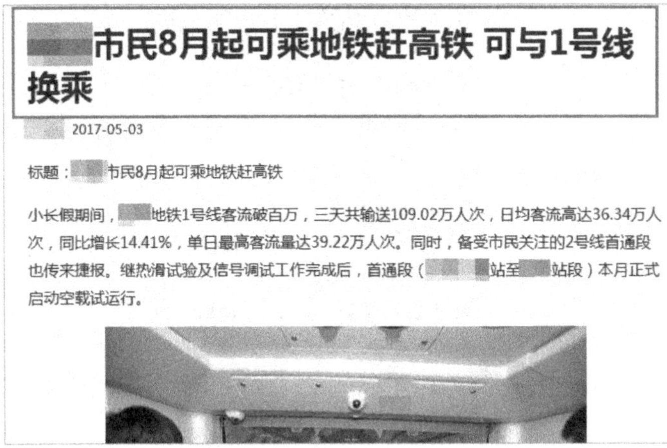

市民8月起可乘地铁赶高铁 可与1号线换乘

2017-05-03

标题：市民8月起可乘地铁赶高铁

小长假期间，地铁1号线客流破百万，三天共输送109.02万人次，日均客流高达36.34万人次，同比增长14.41%，单日最高客流量达39.22万人次。同时，备受市民关注的2号线首通段也传来捷报。继热滑试验及信号调试工作完成后，首通段（站至站段）本月正式启动空载试运行。

（2）

▲图 11-3 新闻型文案标题

解析

图 11-3 所示的是新闻型文案标题案例。《×××× 携手 ×× 产业园区大会共筑产业园区盛会》这一文案标题所呈现的就是这一事件的现状。《×× 市民 8 月起可乘地铁赶高铁可与 1 号线换乘》所呈现的也是事件发展的结果。

095 急迫型：传递急迫，加快阅读

很多人都或多或少地有一点拖延症，需要在他人的催促下才会完成一件事。作者在撰写新媒体文案标题的时候，可以给读者一种紧迫感，引导读者阅读文章。

急迫型的文案标题就能够给读者传递一种紧迫感。作者在写急迫型标题的时候，可以加上“赶快行动”“过会儿就删”等词语，让读者产生现在不看等会儿就看不到了的感觉。相关案例如图 11-4 所示。

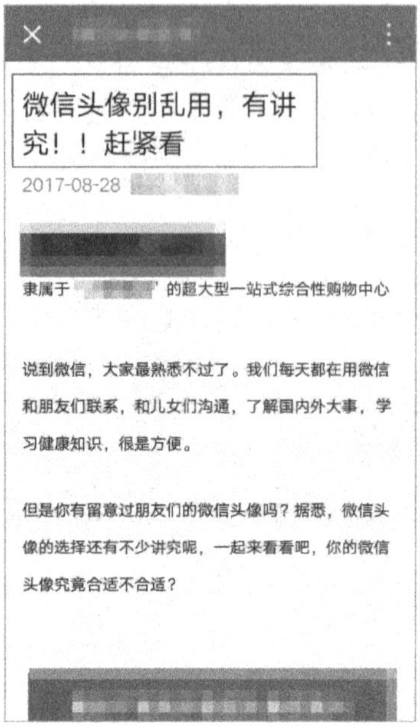

（1）

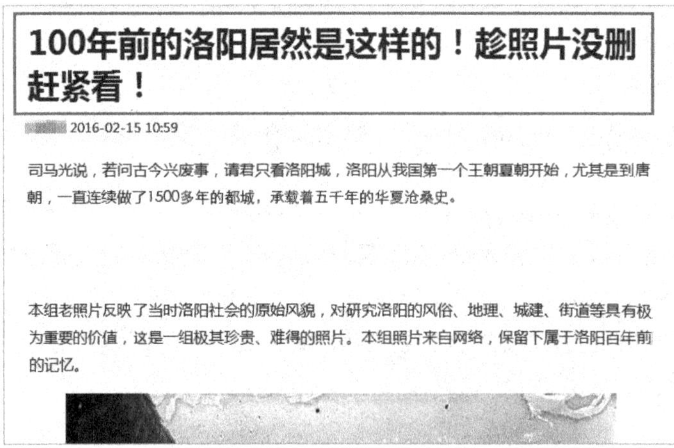

（2）

▲图 11-4 急迫型文案标题

解析

图 11-4 所示的是给人紧迫感的新媒体文案标题案例。这些案例的共同特点就是给读者营造了一种“过时不候”或“时间很紧张”的紧迫氛围。

《微信头像别乱用，有讲究！！赶紧看》这一文案标题给读者的主要感受不是时间上的紧迫感，而是新鲜的事物刚出来，用“赶紧看”来让读者“趁着热乎劲”做知道消息的“第一人”。这种技巧的使用也能催促读者赶紧看文章。

《100 年前的洛阳居然是这样的！趁照片没删赶紧看！》这一文案标题所体现出来的“紧迫感”就更为强烈，因为在标题中就已经明确说了可能“被删除”，所以当读者看到这样的文案标题时也会想赶紧阅读文章内容。

096 励志型：用自身故事现身说法

励志型标题实际上就是从自身出发来讲述一个故事。例如，让成功者现身说法，讲述成功的秘诀和背后的辛酸等。

如今很多人都想成功，却苦于没有成功的方法，这个时候可以给读者看些励志型文案，让他们知道成功者是怎样打破困难的枷锁，走上人生巅峰的。读者对他人的故事往往比较好奇，从而这类标题看起来很吸引人。现身说法式的励志型标题有以下两种模板。

（1）一种为“________是如何使我__________的？”

示例如下。

①一个简单技巧是如何使我成为成功的销售人员的？

②一个简单的点子是如何使我成为公司经理的？

③高考前的一件事是如何使我成为内心强大的人的？

（2）另一种为“我是如何____________的”。

示例如下。

①在销售中我是如何从失败中奋起，进而走向成功的？

②我是如何将一个问题企业变成我的个人财富的？

③我是如何用一个不被人看好的方法让店铺“起死回生”的？

当然，模板终归是模板，我们并不一定要按照模板出牌。只要能想出好的点子，也可以使用，如《他 53 岁开始学习英语，成效惊人》《她是如何进入银行工作 3 天，迅速拿到外企 offer 的？》等。像这样的励志型标题都是紧扣当代人的心理需求来打造的，抓住了读者的心理，自然也就能使文章的阅读量增加了，相关案例如图

11-5 所示。

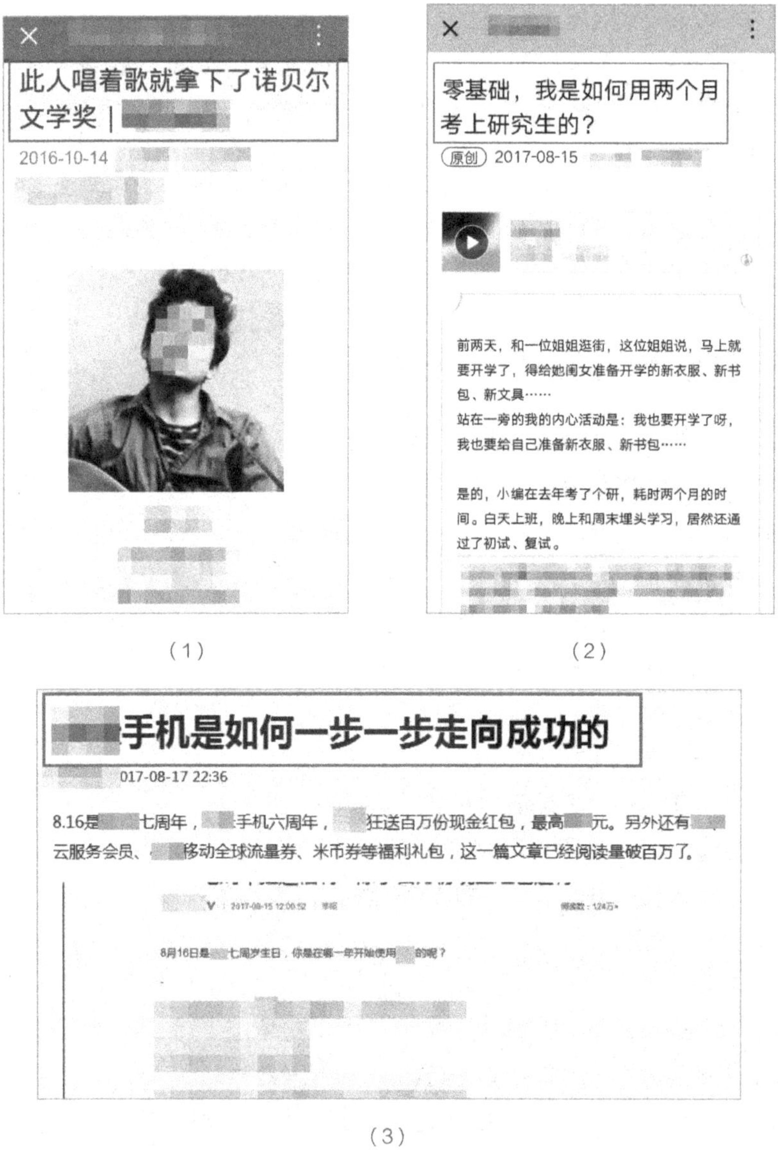

▲图 11-5 励志型文案标题

解析

图 11-5 所示的是新媒体文案的励志型标题案例。这些案例又分为两种类型，一种是“个人励志型”，另一种就是“企业励志型”。例如，《此人唱着歌就拿下了诺贝尔文学奖 | ××××》和《零基础，我是如何用两个月考上研究生的？》这两则标题案例就是“个人励志型”，其所体现出来的是个人如何通过某种方法取得成功。

《×× 手机是如何一步一步走向成功的》这一标题所体现出的则是“企业励志型”，讲述某企业是靠怎样的方法做大做强的。“企业励志型”文案标题体现出来的是整个企业的成功。

097 鼓舞型：有力量，易于记忆

鼓舞型标题是用鼓舞性的词句来号召人们快速做出某些决定。此类标题文字要有力量，要有暗示作用，且易于记忆，使消费者易于接受广告宣传的内容，进而产生阅读欲望或是购买行为。

鼓舞型标题在文学修辞上应力求婉转，要研究读者的心理，以回避支配他人的表述，所采用的措辞或句式要能够让读者感到愉快，让读者想主动了解或者购买文章标题中所提到的产品。

新媒体文案作者在撰写鼓舞型文案标题时，应该体现出读者想要看到的重点，能够简单直接地让读者有立刻行动的欲望或想法。鼓舞型标题案例如图 11-6 所示。

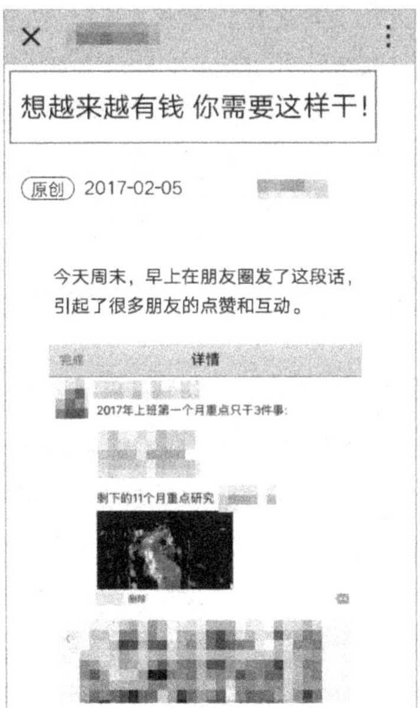

（1）

生意越做越大的秘密，生意人必看，非常受益！

2017-08-20 15:38

1．吃亏是福，生意人要大方一点

2．善举带来人气，帮助别人就是帮助自己

（2）

▲图 11-6 鼓舞型文案标题

解析

图 11-6 所示的是新媒体文案的鼓舞型标题案例。这些标题都或多或少地提及了能让读者获益的事情，不论是在精神上还是物质上，对读者来说都是一个很好的鼓舞。

《想越来越有钱 你需要这样干！》和《生意越做越大的秘密，生意人必看，非常受益！》这两则标题所体现出来的是能让读者通过某种方法“越来越有钱”或“生意越做越大”，从而促进读者查看文章。

鼓舞型标题一般有“你必须学会”“你必须这样做”“××人必看”“你应该这样”等固定句式，能给读者以鼓舞，从而使读者自愿地阅读文章内容。

098 速成型：传递一种信心，更多动力阅读

所谓“速成”就是能使人在短时间内达到某种预期状态或某个目标。如今的生活和工作节奏不断加快，人们觉得时间越来越不够用，做事情也讲究简单、快速，当这种现象越来越普遍的时候，也就有了“速成”。

新媒体文案的速成型标题是指通过标题给读者传递一种只要阅读了本篇文章就可以掌握某些技巧或知识的观点，不仅要给读者传达一种“时间短，效果好”的感受，还要让读者觉得可以很轻松地掌握到某种技巧或达到某种目标。

速成型文案标题很常见，例如，一些辅导班会在其宣传语中加上“速成”

这个重要的词汇，组合成“英语速成法”“速成舞蹈班”“速成练字法”“几天就能速成马甲线”等。这些都是教人在短时间内学到某种技能或是达到自己的预想效果。当人们看到这样既能节约时间又能学到东西的文章标题时，自然会被吸引。

速成型文案标题常用的句式有“一招让你……”“一分钟（几分钟）学会……”“……让你快速……”“……几天（周）速成”等，相关案例如图 11-7 所示。

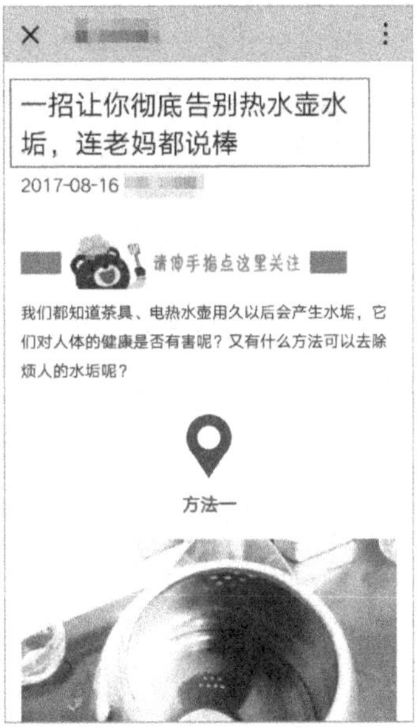

（1）

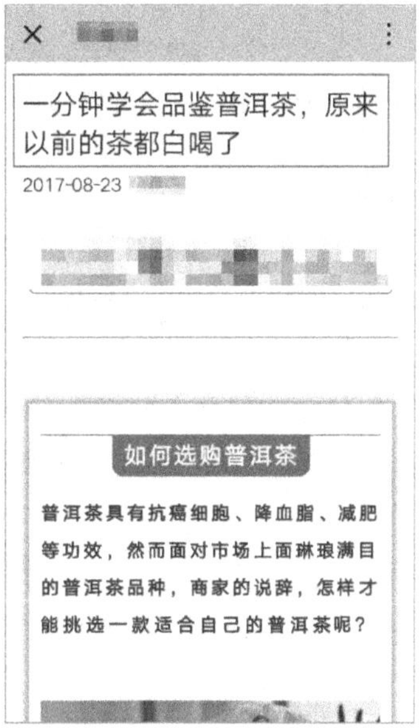

（2）

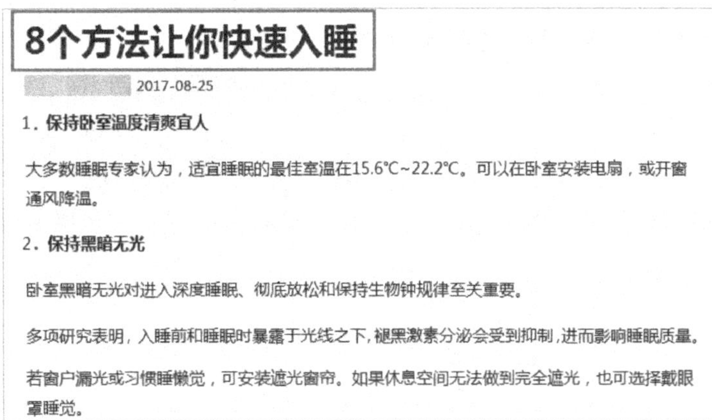

（3）

▲图 11-7 速成型文案标题

解析

图 11-7 所示的是新媒体文案的速成型标题案例。

《一招让你彻底告别热水壶水垢，连老妈都说棒》这一文案标题所体现出来的就是解决“热水壶水垢”这个很多人都会遇到的问题。“一招”这个词足以表明方法简单且高效，而且解决“热水壶水垢”问题更是“永绝后患”。

《一分钟学会品鉴普洱茶，原来以前的茶都白喝了》这一文案标题所提到的“一分钟”表示了时间之短，仅用一分钟就能让读者学会品鉴普洱茶。当看到这一标题时，读者也会想要学习这样快速的方法。

《8 个方法让你快速入睡》这一文案标题所针对的是那些睡眠质量不高或是难以入睡的人群。这类人在睡眠上有很大的困扰，所以希望有简单且快速的方法帮助自己入睡。所以在看到这样的文案标题时，就可能会点击查看文章。

099 负面型：带入负面词句，引人一探究竟

负面型文案标题并不是指传播负能量，而是指在标题上揭示大众在某件事情上遇见的困难，然后再在标题中提出解决措施。

有时，负面型文案标题可以达到普通的正面型文案标题达不到的效果。正面型文案标题大多是从好的一面来阐述一个问题；负面型文案标题的内容大多是列出了一些人们常遇见但又解决不了的问题，例如《别人都能成功，你为什么总失败？》《这个问题困扰你这么久了，为什么总是解决不好？》《别人多吃不胖，而你喝口水都长胖该怎么办？》等都是带有负面字眼的文案标题。这样的负面型文案标题，有一部分在标题当中就可以看出是有对比的；另一部分标题就是单纯从“负面”来陈述很多人都会遇到的问题的。

作者在新媒体文案的标题中加入“负面型”的词汇，是希望用那些带有负面感的词句给读者带来思考，从而让读者觉察自己身上的某些问题。如果读者发现该文案标题所提及的就是自己存在的或遇到的问题，那么这样的负面型标题就能够引发读者想要一窥究竟的欲望，从而点击文章进行阅读，相关案例如图 11-8 所示。

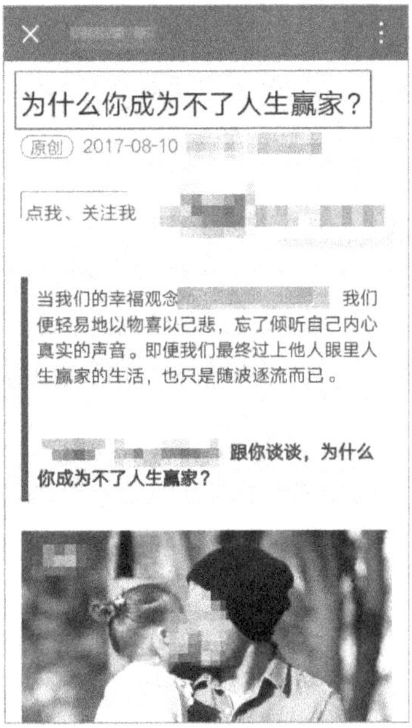

为什么你成为不了人生赢家？

原创 2017-08-10

点我、关注我

当我们的幸福观念 我们便轻易地以物喜以己悲，忘了倾听自己内心真实的声音。即便我们最终过上他人眼里人生赢家的生活，也只是随波逐流而已。

跟你谈谈，为什么你成为不了人生赢家？

（1）

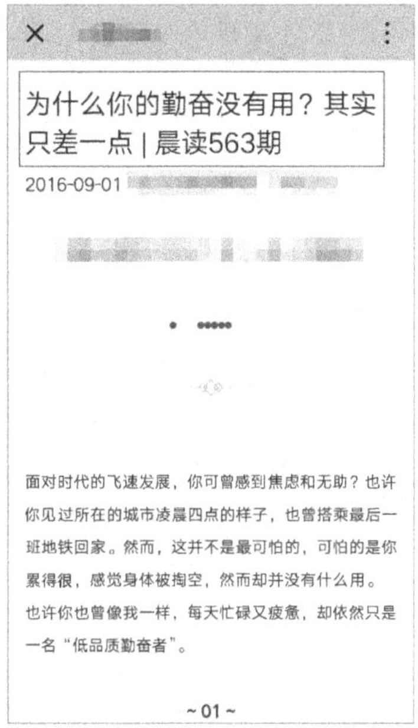

为什么你的勤奋没有用？其实只差一点 | 晨读563期

2016-09-01

面对时代的飞速发展，你可曾感到焦虑和无助？也许你见过所在的城市凌晨四点的样子，也曾搭乘最后一班地铁回家。然而，这并不是最可怕的，可怕的是你累得很，感觉身体被掏空，然而却并没有什么用。也许你也曾像我一样，每天忙碌又疲惫，却依然只是一名“低品质勤奋者”。

~ 01 ~

（2）

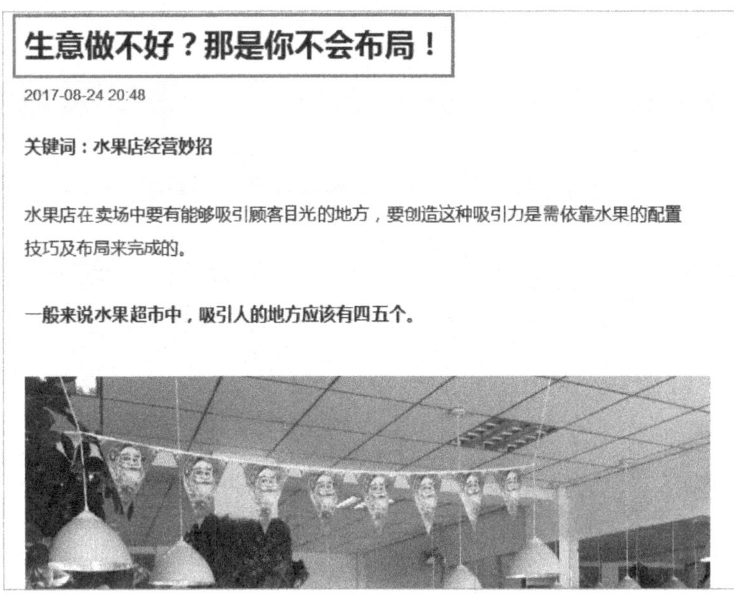

生意做不好？那是你不会布局！

2017-08-24 20:48

关键词：水果店经营妙招

水果店在卖场中要有能够吸引顾客目光的地方，要创造这种吸引力是需依靠水果的配置技巧及布局来完成的。

一般来说水果超市中，吸引人的地方应该有四五个。

（3）

▲图 11-8 负面型文案标题

解析

图 11-8 所示的是负面型标题案例。

《为什么你成为不了人生赢家？》这一文案标题是直接采取反问读者的方式，在文案标题里展现出比较“负面”的情况，然后再在文章内容里给出答案，以吸引读者去阅读文章内容。

《为什么你的勤奋没有用？其实只差一点 | 晨读 563 期》这一文案标题所采用的是自问自答的形式，不过作者在文案标题中对所提问题的回答并不是真正意义上的回答，只是告诉读者这个问题可以解决，但到底要怎么解决，没有在文案标题当中明确说出来，而是需要读者自己去文章内容中寻找答案。

《生意做不好？那是你不会布局！》这一文案标题所采用的也是自问自答的方式，而且对作者提出来的问题做了一个十分明确的回答——生意做不好的原因，就是不会布局，读者若想要了解具体“如何布局”就需要点进文章阅读。

负面型文案标题也分为两种：一种是作者在文案标题中提出问题，又给出答案，但答案往往只给一点提示，点到即止，告诉读者在文章内容中寻找详情；另一种就是用疑问句的形式，将某种“负面”情况或状态在文案标题当中呈现出来，让读者自省，从而阅读文章。

100 本地化：借助地名的知名度

本地化标题是指在标题写作时，带入当地的地名或者一些大都市的名称，以吸引更多的读者去阅读。

本地化标题其实也带有一点借势的意味，但它借的不是一时的社会热点，而是一个地名的知名度，以此引来大批对这个地方感兴趣的读者，相关案例如图 11-9 所示。

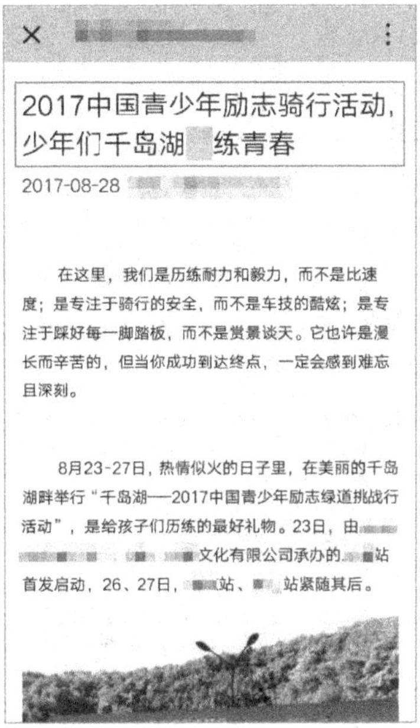

2017中国青少年励志骑行活动，少年们千岛湖 练青春

2017-08-28

在这里，我们是历练耐力和毅力，而不是比速度；是专注于骑行的安全，而不是车技的酷炫；是专注于踩好每一脚踏板，而不是赏景谈天。它也许是漫长而辛苦的，但当你成功到达终点，一定会感到难忘且深刻。

8月23-27日，热情似火的日子里，在美丽的千岛湖畔举行“千岛湖——2017中国青少年励志绿道挑战行活动”，是给孩子们历练的最好礼物。23日，由 文化有限公司承办的 站首发启动，26、27日， 站、 站紧随其后。

（1）

住在河西的长沙市民，明天有福了

2017-08-30 08:43

全世界最大的芙蓉花建筑，8月31日将在“芙蓉国”长沙首次开放。

梅溪湖大剧院全览图

是的，这就是梅溪湖国际文化艺术中心大剧院，历经六年的匠心打磨建造而成。

以后到长沙来，除了岳麓山、橘子洲，又多了一个好的游玩之处，梅溪湖公园——梅溪湖大剧院。通过手机端微信搜索 公众号，就可免费领取明天的“艺术+”参观门票，游览整个剧院全貌，有兴趣的朋友一起来！

（2）

▲图 11-9 本地化文案标题

解析

图 11-9 所示的是新媒体文案的本地化标题案例。

《2017 中国青少年励志骑行活动，少年们千岛湖 × 练青春》这一文案标题就是借用著名旅游景点“千岛湖”的影响力，来推广这次青少年骑行活动的。当千岛湖的居民或在外地工作的千岛湖人看到这则文案标题时，就会想点击进去查阅文章。

《住在河西的长沙市民，明天有福了》这一文案标题借用的是“长沙河西”。“长沙河西”的出现不仅能吸引到“河西”当地人的关注，还能吸引整个长沙市民的关注。这也是本地化文案标题的运用。文案标题当中用到本地化的字眼，能够让文章更加吸引当地人或喜爱该地的读者的注意。

101 半遮半掩型：犹抱琵琶半遮面

“半遮半掩型”文案标题其实就是说一半藏一半，在引起读者兴趣之后戛然而止。

半遮半掩型标题给读者的是一种“犹抱琵琶半遮面”的感觉，如雾里看花，朦朦胧胧，这样更能引起读者继续阅读的欲望。相关案例如图 11-10 所示。

（1）

（2）

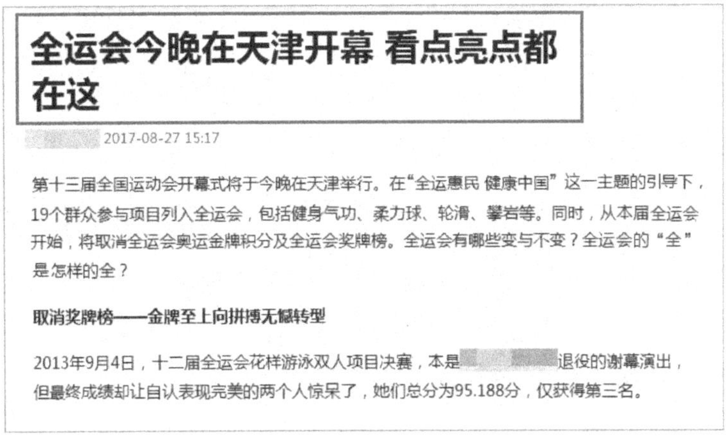

全运会今晚在天津开幕 看点亮点都在这

2017-08-27 15:17

第十三届全国运动会开幕式将于今晚在天津举行。在“全运惠民 健康中国”这一主题的引导下，19个群众参与项目列入全运会，包括健身气功、柔力球、轮滑、攀岩等。同时，从本届全运会开始，将取消全运会奥运金牌积分及全运会奖牌榜。全运会有哪些变与不变？全运会的“全”是怎样的全？

取消奖牌榜——金牌至上向拼搏无憾转型

2013年9月4日，十二届全运会花样游泳双人项目决赛，本是 退役的谢幕演出，但最终成绩却让自认表现完美的两个人惊呆了，她们总分为95.188分，仅获得第三名。

（3）

▲图 11-10 半遮半掩型文案标题

解析

图 11-10 所示的是新媒体文案的“半遮半掩型”标题案例。这些案例所采取的写作技巧都是说一半藏一半，以引起读者想要查看全文的欲望。

《喝葡萄酒为什么要摇杯，这里有你想要的答案！》这一标题的“半遮半掩”就是在标题中提出一个问题，引起很多有同样疑问的读者的注意，然后再说“这里有你想要的答案”，表示这里有答案，但至于答案是什么，就需要读者自己去点开文章，在文章里面寻找了。

《一图 | 高校学子看过来：有关奖学、助学的信息都在这里》这一文案标题比较直接，直接在标题里显示出这篇文案的受众就是“高校学子”。文案标题称要告诉“高校学子”有关奖学、助学的信息，但至于详情是怎样的，则需要读者自己在文章内容当中找答案。

《全运会今晚在天津开幕 看点亮点都在这》也是“半遮半掩型”文案标题。它用了“看点”“亮点”两个词来引起读者的兴趣，继而使读者想去看看到底是什么样的“看点”和“亮点”，但这些都不能直接在标题中看出来，因此读者便会到文章内容里面寻找答案，从而增加了文章的阅读量。

102 揭露真相型：揭露鲜为人知的秘密

揭露真相型标题是指为读者揭露某事或某人鲜为人知的一类标题。很多人都会有好奇心理，而这种标题恰好可以抓住读者的这个心理，能充分吸引读者的注意。

揭露真相型标题所涉及的内容大多是对某行业或某个人的真相揭露。对于某行业“真相揭露”的文案标题不在少数，其所揭露的是这一行业如何做大做强的诀窍，一般是利用某个特别突出的成功案例来挖掘其成功背后的秘密。对于某行业的“真相挖掘”的目的在于让那些想要进入该行业的人来阅读。读者从这样的文案中能够找到别人成功的原因，从而进行学习。

还有一种就是对人们关注的某人，例如某名人等进行揭露，这些名人因为有光环效应，显得十分神秘，所以人们对其感兴趣，但这些名人背后的神秘又是普通人接触不到的。例如，《没想到剧里高冷的她，私下是这样的》《你所不知道的，×× 的另一面》等。当读者看到有关某人“真相揭露”的文案标题时，就会因为好奇的心理去查看文章详情。这样一来，该文章的阅读量也就会因为某名人而增加。

新媒体文案的作者也可以利用这种标题做一个长期的专题，从而达到一段时间内或者长期凝聚读者的目的。

图 11-11 所示为揭露真相型文案标题的案例。

揭秘微信公众号运营基础攻略集合

2016-09-12

写攻略的初衷，不单单是为了总结自己这么长时间以来的运营经验，也想方便从未接触过微信运营的小白熟悉操作。

本篇【基础】攻略的整体思路，就是从微信推文的素材管理讲起，接着讲编辑微信推文，再到如何拉近与粉丝之间的距离，进行互动，最终拿到原创，开通赞赏……

文章不短，建议收藏后慢慢看！文末附手绘思维导图一份！如果能打开微信公众后台，边看边操作最好不过了！

（1）

煎饼摊月入三万背后的真相，让你哭笑不得！

2017-08-30 08:49

前几天，“我月入三万，怎么会少你一个鸡蛋”这句话火了！一位卖煎饼的大妈在与客人发生争执时说出了一个让大家都很惊讶的真相：摆摊卖煎饼，月入三万！

（2）

▲图 11-11 揭露真相型文案标题

解析

图 11-11 所示的是揭露真相型文案标题案例。这类案例所涉及的内容大多是人们想知道但又没有太多渠道能够知道的事情，或者是由于“线索”过多而无从归纳或整理的事情。

《揭秘微信公众号运营基础攻略集合》这一文案标题针对的是那些运营公众号的人。这些人都希望自己的公众号能够做大做好，特别是刚开始做还没有什么经验的人，当面对讲公众号运营的文章时，就会想学习其中的秘诀，进而点击文章一探究竟。

《煎饼摊月入三万背后的真相，让你哭笑不得！》这一标题针对的读者就很广泛了，凡是对这一事件感兴趣的都会想要看看“卖煎饼”是否真的能“月入三万”，进而点开文章内容进行阅读。

第 12 章

误区认识：6 种误区，谨慎使用成关键

学前提示 >>>

在学习新媒体文案标题的撰写技巧时，读者还要注意不要走入误区。

本章将从文案标题容易出现的误区角度出发，重点介绍6种误区，以便帮助大家更好地打造新媒体文案标题。

要点展示 >>>

- ◆ 追求新奇而表述含糊
- ◆ 追求有趣而使用无关词汇
- ◆ 追求吸睛而负面表达泛滥
- ◆ 比喻不当，失去意义
- ◆ 用词夸大，难以服人
- ◆ 强加于人，引起抵触

103 追求新奇而表述含糊

作者在撰写新媒体文案标题时，要避免为了追求标题的新奇性而导致表述含糊的现象出现。

何为表述含糊？所谓“含糊”，是指语言不确定，或者表达方式及表达的含义模棱两可。含糊有其本身具有的特性，如图 12-1 所示。

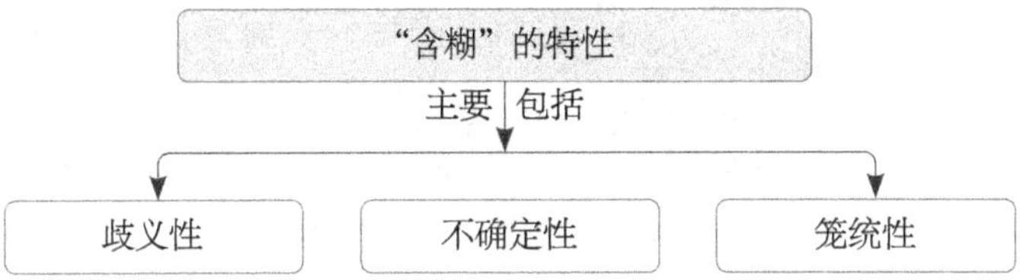

▲图 12-1 “含糊”的特性

“歧义性”就是指相关表述产生歧义，例如“是他爸爸在开刀”这句话，就容易产生歧义，到底是他爸爸给别人开刀，还是别人给他爸爸开刀？像这种表达含糊的句子，就具有“歧义性”。

“不确定性”就是指没有一个明确的表达或是没有一个明确的结果，举例如下。

问：“明天天气怎么样？”

答：“可能天晴，也可能下雨。”

像这种回答就带有典型的不确定性，没有一个明确的答案，让人不知道结果到底是什么。

“笼统性”是指将很多东西夹杂在一起，让人分不清重点。

除此之外，文案标题表述上的含糊还会增加读者的阅读负担。例如，《他们能买到那个宝贵的东西吗？》这一文案标题就在表述上含糊其辞。作者想要达到的效果可能就是让读者产生好奇心，从而阅读文章。但实际上，当读者看到这样的文案标题时，只会觉得不明就里。只看标题，读者完全不知道作者想要说的是什么，读者如果想要知道作者到底想要说什么，还必须去文章内容里找。这样一来，不仅会让读者觉得很麻烦，而且还会让读者觉得整个标题没有重点，不知从何看起。

在新媒体文案标题的撰写上，若要避免这种为了追求新奇而表述含糊的情况，就必须了解表述含糊的基本类型和危害，如图 12-2 所示。

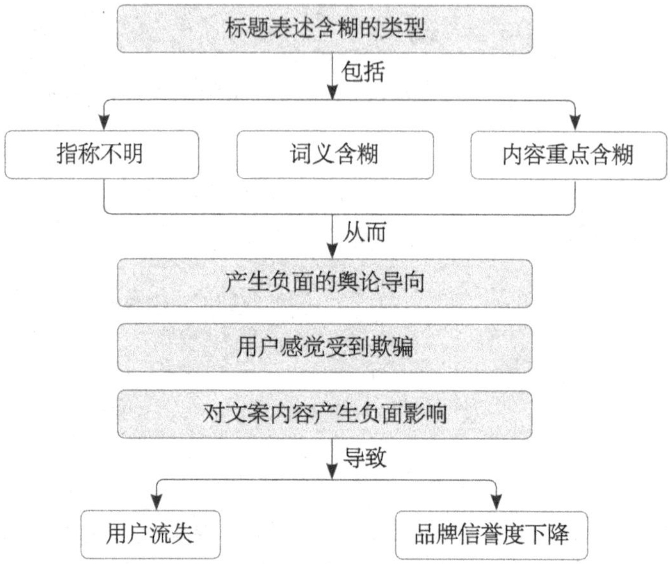

▲图 12-2 标题表述含糊的类型及危害

可见，文案标题表述含糊除了让读者觉得作者不严谨之外，还会造成读者的流失，得不偿失。

作者尤其要注意文案标题的表达要清晰，重点要明确，要让读者在看到标题时就能知道文章内容大致讲的是什么。只有这样，读者才会觉得脉络清晰，进而去阅读文章。

作者在撰写新媒体文案标题时，要想表述清晰，就要做到找准文案重点，明确文案中的名词，如人名、地名、事件名等，相关案例如图 12-3 所示。

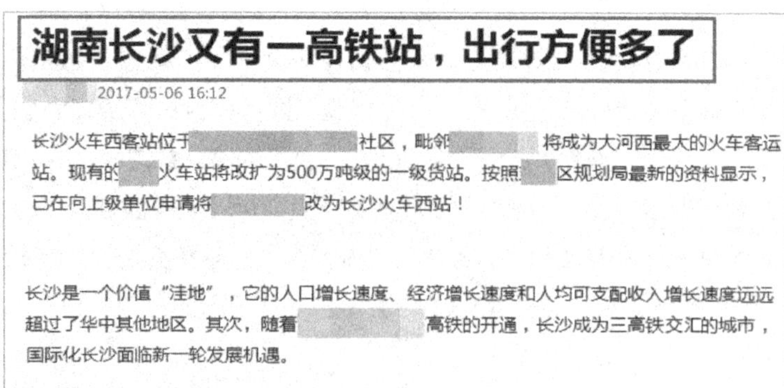
湖南长沙又有一高铁站，出行方便多了

2017-05-06 16:12

长沙火车西客站位于[illegible]社区，毗邻[illegible]将成为大河西最大的火车客运站。现有的[illegible]火车站将改扩为500万吨级的一级货站。按照[illegible]区规划局最新的资料显示，已在向上级单位申请将[illegible]改为长沙火车西站！

长沙是一个价值“洼地”，它的人口增长速度、经济增长速度和人均可支配收入增长速度远远超过了华中其他地区。其次，随着[illegible]高铁的开通，长沙成为三高铁交汇的城市，国际化长沙面临新一轮发展机遇。

▲图 12-3 表述清晰的文案标题

解析

图 12-3 所示的是新媒体文案标题表述清晰准确的案例。从这则标题中读者能快速看到重点，并且不会有不理解的地方。

《湖南长沙又一高铁站，出行方便多了》这一文案标题的元素十分清晰，地点为“湖南长沙”，事件重点为“又一高铁站”，还明确表述出了这一新的高铁站给人们带去的益处是方便人们的出行。

新媒体文案作者在撰写文案标题时，应尽量将标题中的元素展示清楚，不要让读者感到阅读和理解困难。越简单越明确的标题，往往越能吸引读者的注意。

104 追求有趣而使用无关词汇

在新媒体文案标题的撰写中，十分忌讳在标题中出现与文案标题无关的词汇。这种现象并不少见。一些文案作者为了让标题更加有趣，而使用一些与标题没有多大联系甚至是根本没有关联的词汇，想以此达到吸引读者注意力的目的。

这样的文案标题可能在刚开始时能引起读者的注意，但时间一久，读者便会厌烦这样随意添加无关词汇的文章。这样的危害对于一个品牌或产品来说是长久的。因此，新媒体文案作者在撰写文案标题时切忌将无关词汇使用到文案标题当中。

将无关词汇运用到文案标题中，也分很多种类型，如图 12-4 所示。

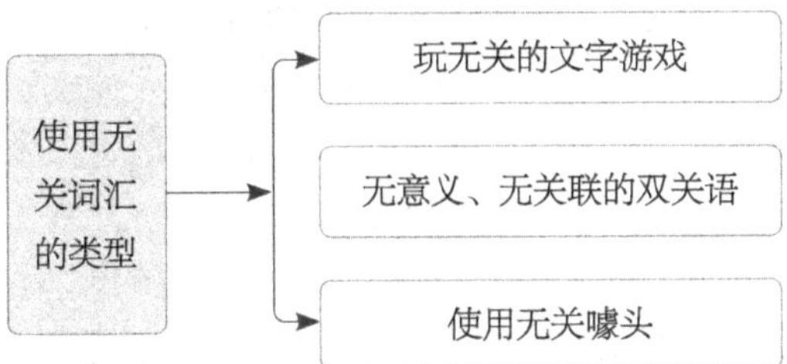

▲图 12-4 使用无关词汇的类型

新媒体文案标题使用的词汇一定要与文案标题和文案内容相关。作者不能为了追求标题的趣味性就随意乱用无关词汇，否则，可能会对读者造成一定程度的欺骗。在新媒体文案标题的撰写当中，词汇的使用是有一定技巧的，如图 12-5 所示。

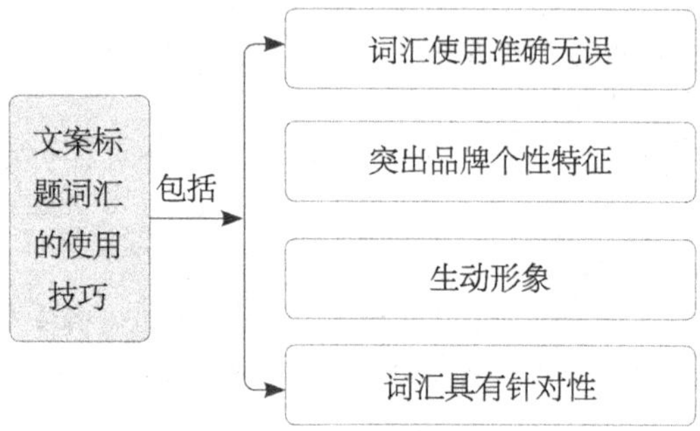

▲图 12-5 文案标题词汇的使用技巧

作者在撰写标题时想要正确使用词汇，就要学会巧妙地将词汇与文案标题的内容紧密结合，使两者融会贯通，相互照应。只有如此，才算得上是一个成功的文案标题，相关案例如图 12-6 所示。

一位母亲的“舍得”让人潸然泪下

2017-07-18 09:07

父亲去世10年后，在我的“软硬兼施”下，母亲终于同意来郑州跟着我——她最小的女儿一起生活。这一年，母亲70岁，我40岁。70岁的母亲瘦瘦的，原本只有一米五的身高，被岁月又缩减了几厘米，看起来更加瘦小，面容却仍然光洁，不见太多沧桑的痕迹，头发亦未全白，些许黑发倔强地生长着。

我们借了一辆车回去接她，她早把居住了几十年的老屋收拾妥当，整理好了自己的行李。那些行李中有两袋面，是她用家里的麦子专门为我们磨的，这种面有麦香。但那天，那两袋面我决定不带了，因为车的后备箱太小，我们要带的东西太多。母亲却坚持把面带着，一定要带，她说。

（1）

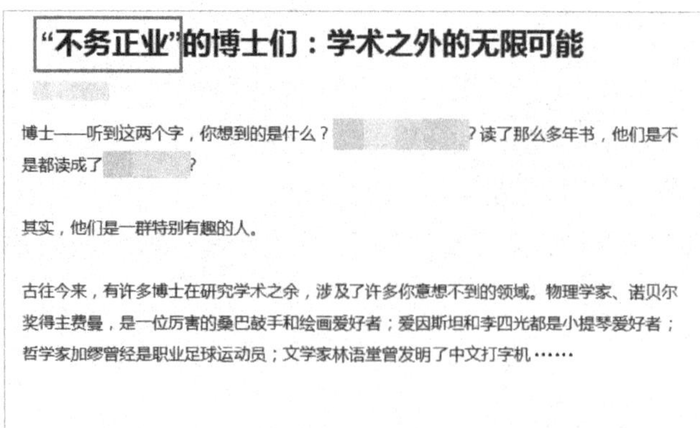

“不务正业”的博士们：学术之外的无限可能

博士——听到这两个字，你想到的是什么？？读了那么多年书，他们是不是都读成了？

其实，他们是一群特别有趣的人。

古往今来，有许多博士在研究学术之余，涉及了许多你意想不到的领域。物理学家、诺贝尔奖得主费曼，是一位厉害的桑巴鼓手和绘画爱好者；爱因斯坦和李四光都是小提琴爱好者；哲学家加缪曾经是职业足球运动员；文学家林语堂曾发明了中文打字机……

（2）

▲图 12-6 词汇与文案标题内容紧密联系

解析

图 12-6 所示的是在新媒体文案标题中所用词汇与标题、内容紧密联系的案例。这两则案例都做到了词汇和文案内容的融会贯通。

《一位母亲的“舍得”让人潸然泪下》这一文案标题中的“舍得”就是指文案中的母亲无私地为儿女奉献。母亲自己舍不得，对子女们却很是舍得，所以，这一文案标题里面形容母亲用“舍得”一词，是十分贴切的。

《“不务正业”的博士们：学术之外的无限可能》这一文案标题里的“不务正业”一词运用得十分巧妙和生动。“不务正业”一词原本的意思是丢下本职工作，去做其他的事，是一个贬义词。博士在常人眼中是做学术研究的，他们的本职工作就是做学术研究。但这里用“不务正业”一词既能很巧妙地体现出这群博士在学术研究之外的样子，又能达到一种诙谐幽默的效果，吸引读者的目光。

作者在写文案标题时，用词也可以尽量大胆，但一定要注意用词规范，要与文案标题内容有联系，切勿做无关的文字游戏。所用词汇要能够让读者理解文案标题所表达的意思，只有这样，才能让读者对文案内容产生兴趣，进而点击文章。

105 追求吸睛而负面表达泛滥

只有文案标题吸引到了读者，读者才会想要去阅读文章内容。这让某些作者在撰写标题时一味追求吸睛而进行负面表达。

例如，《经常洗头，会给你的头皮带来巨大的伤害》这一文案标题就是典型的负面表达，虽然能给读者带来一定的震惊，却不是一个很好的表达方式，如果将其换成《头发多久洗一次更健康？》则会表现出不一样的效果：很显然后者更能引起读者阅读文章的欲望。

因此，也提醒新媒体文案的作者在撰写标题时要尽量避免太过负面的表达方式，而应选择正面的、健康的方式来表达。

在新媒体文案标题的撰写中，如果一味为了吸引读者目光而选择负面表达，所带来的问题和危害是多方面的，如图 12-7 所示。

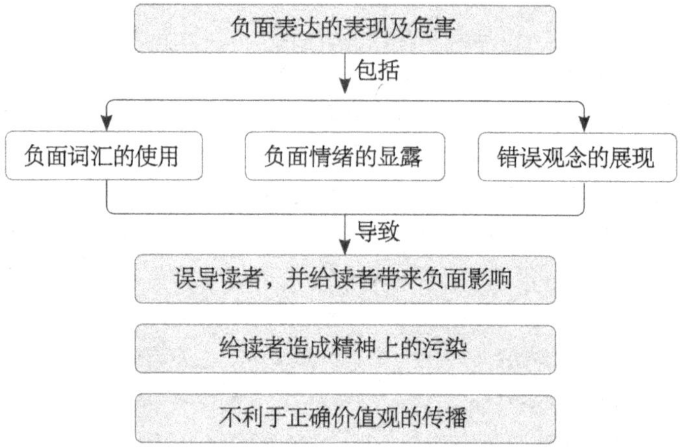

▲图 12-7 负面表达的表现及危害

作者在撰写新媒体文案标题时应避免使用负面的表达方式，带有负面表达的文案标题在给读者带去不良阅读体验的同时，还会给自身品牌带来负面影响。因此，作者要学会用正面的、健康的、积极的方式表达核心内容，给读者一个好的引导。非负面表达的文案标题案例如图 12-8 所示。

（1）　　（2）

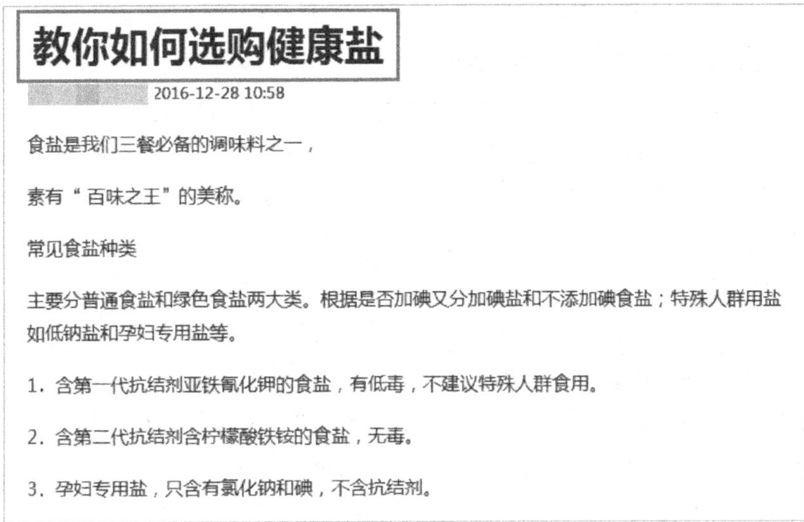

教你如何选购健康盐

2016-12-28 10:58

食盐是我们三餐必备的调味料之一，

素有“百味之王”的美称。

常见食盐种类

主要分普通食盐和绿色食盐两大类。根据是否加碘又分加碘盐和不添加碘食盐；特殊人群用盐如低钠盐和孕妇专用盐等。

1. 含第一代抗结剂亚铁氰化钾的食盐，有低毒，不建议特殊人群食用。

2. 含第二代抗结剂含柠檬酸铁铵的食盐，无毒。

3. 孕妇专用盐，只含有氯化钠和碘，不含抗结剂。

（3）

▲图 12-8 非负面表达的文案标题

解析

图 12-8 所示的是在新媒体文案标题中避免负面表达的案例。

《绿色蔬菜对人体有什么好处》这一文案标题里，避免了负面表达的就是“绿色蔬菜”。相对于“没打过农药的蔬菜”来说，读者往往更愿意接受“绿色蔬菜”。

《生活不将就，就喝健康水》这一文案标题里面的“健康水”就是避免了负面的表达。健康水是相对有污染、有害的水来说的。相对于《生活不将就，就喝无污染无害的水》这一文案标题，读者可能会更加偏向于《生活不将就，就喝健康水》，因为后者避免了负面的表达。

《教你如何选购健康盐》这一文案标题里的“健康盐”就避免了负面表达，健康盐是相对于含有对人体有害物质的盐来说的。用“健康盐”就会很好地避免了“对人体有害”这一负面情况的表达，文案标题能更好地被读者所接受。

106 比喻不当，失去意义

新媒体文案经常会用到比喻式的文案标题。比喻式的文案标题能将事物变得更为具体和生动，有化抽象为具体的效果，可以让读者更加清晰地理解文案标题呈现的内容和作者想要表达的思想和情绪，对文案阅读量的提高也能起到十分显著的作用。

但是，在新媒体文案标题中运用比喻手法时，要十分注意比喻是否得当。一些作者在使用比喻式文案标题的时候，常常会出现比喻不当的现象。所谓“比喻不当”，就是指本体和喻体没有太大联系甚至毫无相关性的情况。

例如，《它的声音，让您倍感香甜》（某收音机广告文案标题），在大部分情况下，声音是不能用“香甜”来形容的，“香甜”可以形容味道、气味等，却不能用来形容声音，所以这一收音机文案的比喻是不恰当的。

再如，《让您的秀发，一泻千里》（某洗发水广告文案标题）这则广告文案的重点是想说明这款洗发水能够让用户的头发十分顺滑，但用“一泻千里”来比喻洗发水能够达到的效果是不妥当的。

新媒体文案标题一旦比喻不当，就很难达到作者想要的效果，那么文案标题也就失去了它存在的意义：不仅不能被读者接受和喜爱，还可能会因为比喻不当被读者嘲笑。新媒体文案标题比喻不当所造成的影响较大，如图 12-9 所示。

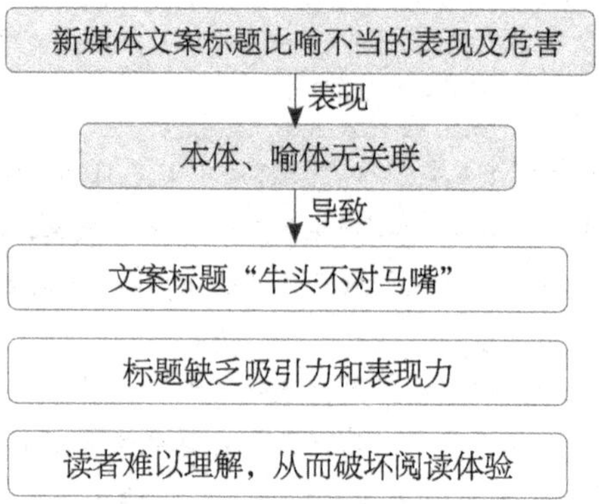

▲图 12-9 新媒体文案标题比喻不当的表现及危害

在撰写比喻型文案标题时，一定要明白本体和喻体的密切联系。比喻得当的文案标题如图 12-10 所示。

成都这条街的壁画美得如同电影棚

2017-08-30

成都 有条小街—— 穿过 大学后门就到了。安静的沙河、岸边高大的梧桐和不宽的柏油路构成了宁静的街区。这几天，街道旁的创业壁画着实惊叹到了路人。大熊猫、春熙路、老茶馆……跃然墙上，美得如同电影棚一般! 摄影报道

（1）

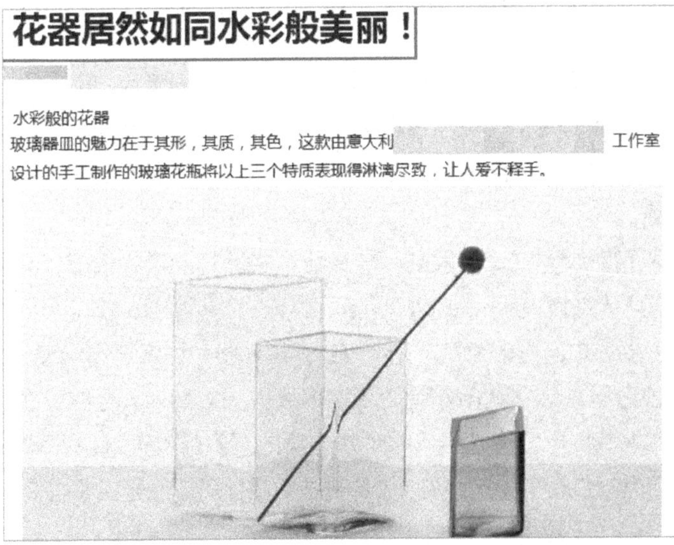

花器居然如同水彩般美丽！

水彩般的花器

玻璃器皿的魅力在于其形，其质，其色，这款由意大利 工作室设计的手工制作的玻璃花瓶将以上三个特质表现得淋漓尽致，让人爱不释手。

（2）

▲图 12-10 比喻得当的文案标题

解析

图 12-10 所示的是新媒体文案标题比喻得当的案例。

《成都这条街的壁画美得如同电影棚》这一文案标题是将壁画比喻成电影棚。电影棚都是装饰得特别美的，将壁画比作电影棚，不仅能够让读者很清楚地理解作者想要表达的意思，还能直观地体会到壁画的好看。《花器居然如同水彩般美丽！》这一文案标题则是将花器比喻成水彩画。大部分人都知道水彩画是很好看的，当作者无法很明确地将文案中花器的美形容出来的时候，用比喻就能很好地展现出花器的美丽。读者在看到标题的时候，自然也就能想到花器的美丽。

这两则标题无一例外地展现了本体和喻体的紧密联系，将事物的特性用恰当的比喻展现在读者面前，让读者更容易理解和感受。

107 用词夸大，难以服人

新媒体作者在撰写新媒体文案标题时，虽说要用到文学中的一些手法，比如夸张、比喻等，但这并不代表作者就能毫无上限地夸张，把没有的说成有的，把虚假说成真实。要知道，用词夸大往往难以服人，而其最终的效果通常也只能与预期背道而驰。

作者在撰写新媒体文案标题时，要结合自身品牌的实际情况，来进行适当的艺术修饰，而不能随意夸张，胡编乱造。那种在文案当中，过分夸大的情况也很是常见，特别是在广告文案或是自身品牌的打造和推广时最容易出现。

比如，部分新媒体文案创作者为了增强品牌的影响力，会在标题中用上“全球首款”“驰名商标”“首选品牌”“销量第一”等关键词。这些词看上去是很有分量的，但通常都带有夸大的成分，《广告法》明确规定广告中不得使用“国家级”“最高级”“最佳”等用语。

其实，像“首选品牌”“销量第一”“全网最低价”之类的词语被禁止是很容易理解的。一方面，这一类词语都包含“首”“第一”“最”等绝对性的字眼，这是《广告法》所不能容许的；另一方面，这一类词语所表达的真实性是难以验证的，存在着用词夸大的可能。

可即便如此，在新媒体文案的标题中，使用此类违反《广告法》的词语的现象依然存在。

作者在撰写新媒体文案标题的时候，虽说可以在一定程度上采用一些表现手法，但不能无根据地过分夸大，以此来吸引受众的关注。一味地过分夸大，并不会获得消费者的青睐，反而可能会让消费者对这种自大的行为产生反感。

108 强加于人，引起抵触

强加于人，就是将一个人的想法或态度强行加到另一个人身上，不管对方是否愿意接受。

新媒体文案标题中的“强加于人”就是指作者将自己或者某一品牌的想法和概念植入标题，强行灌输给读者，给读者一种不得不接受的感觉。当一则文案标题太过强制性时，读者不仅不会接受该文案标题所表达的想法，还会产生抵触心理：越是让读者看，读者就越是不看；越是想让读者接受，读者就越是不接受。如此循环往复，最后受损失的还是作者自己或品牌本身。“强加于人”的文案标题案例如图 12-11 所示。

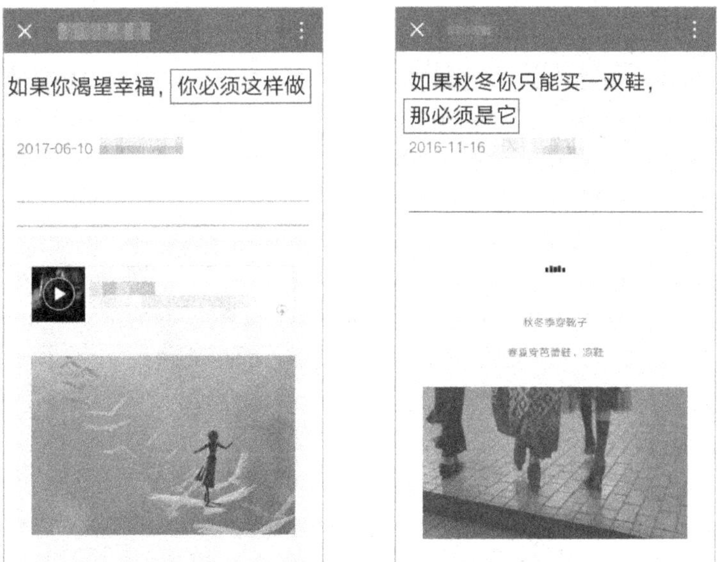

（1）　　（2）

▲图 12-11 “强加于人”的文案标题

解析

图12-11所示的是“强加于人”的文案标题案例。这几则标题案例都是将作者自己的想法或某品牌的理念植入文案标题，强行让读者接受。

《如果你渴望幸福，你必须这样做》这一则文案标题是将作者的想法强加于读者身上，不同的人通往幸福的路是不同的，一个法则或规律很难适用于所有人，所以作者用“你必须这样做”会引起部分读者反感，不利于文章的传播与影响。

《如果秋冬你只能买一双鞋，那必须是它》这一文案标题所体现的强加于人在于“那必须是它”。文案标题体现的是秋冬应该买什么样的鞋子，本是推荐性的文案，给读者以参考，但作者却用了“必须是它”，带有强制性，有强迫读者买某类鞋子的嫌疑，所以会让部分读者产生抵触情绪。

新媒体文案作者将自己或品牌的理念强加在读者身上的做法是十分不可取的。这样做不仅不能达到品牌推广的效果，还会让读者产生不满和抵触情绪，甚至不再关注该品牌，这对品牌信誉度的损害是很大的。因此，作者在撰写新媒体文案标题时，切忌将自己的想法强加于读者身上。